U0890327

知识生产的原创基地

BASE FOR ORIGINAL CREATIVE CONTENT

颉腾商业

JIE TENG BUSINESS

THE

ART

OF

WORKING

WITH

YOUR LEADER

向上管理

不懂管理领导
怎么拼职场

季益祥　高利刚◎著

SPM
南方出版传媒
广东经济出版社
·广州·

图书在版编目（CIP）数据

向上管理：不懂管理领导怎么拼职场 / 季益祥，高利刚著．— 广州：广东经济出版社，2022.1
ISBN 978-7-5454-8104-4

Ⅰ．①向… Ⅱ．①季… ②高… Ⅲ．①工作方法－通俗读物 Ⅳ．① B026-49

中国版本图书馆 CIP 数据核字 (2021) 第 249898 号

策　　划　颉腾文化
责任编辑　陈　潇　李泽琳　王春蕊　　封面设计　Colin

向上管理：不懂管理领导怎么拼职场
XIANGSHANG GUANLI：BUDONG GUANLI LINGDAO ZENME PIN ZHICHANG

出 版 人　李　鹏
出版发行　广东经济出版社（广州市环市东路水荫路 11 号 11 ～ 12 楼）
经　　销　全国新华书店
印　　刷　北京市荣盛彩色印刷有限公司（河北省保定市涿州市常家庄村）
开　　本　880 毫米 ×1230 毫米　1/32
印　　张　7
字　　数　151 千字
版　　次　2022 年 1 月第 1 版
印　　次　2022 年 1 月第 1 次
书　　号　ISBN 978-7-5454-8104-4
定　　价　59.00 元

图书营销中心地址：广州市环市东路水荫路11号11楼
电话：（020）87393830　邮政编码：510075
如发现印装质量问题，影响阅读，请与本社联系
广东经济出版社常年法律顾问：胡志海律师

Foreword One | 推荐序一

向上管理：与领导相互成就

——丁捷

云学堂联合创始人、总裁

上海杉树公益基金理事长

每个人的职业生涯中都会遇到“领导”，哪怕你自己创业，也依然有投资人、主管单位等领导，所以“向上管理”就成为了我们最需要的能力，没有之一。尤其在我们刚进入职场的时候，我们会对领导特别依赖，似乎我们的成就感大都会来自领导的认可。

我们跟领导之间究竟是什么样的关系？什么样的领导才更有助于我们的成长？遇到不喜欢的领导怎么办？你的同事成为你的领导后你怎么面对？感觉受到了不公平待遇时如何与领导沟通？如何让领导重视自己？怎样拒绝领导的不合理要求？这些都是困扰职场人很久的话题。同时随着职场经历的增长，我们很多人会走向管理岗位，成为“领导”，那我们如何与团队成员相处？有数据表明 70% 的员工离职是直接主管的原因，那么我们在工作中该如何成为一个“好领导”？

感谢季益祥和高利刚两位老师给我们写了一本好书。当我拿到这本书的时候，我一口气从头看到尾，然后又认认真真地读了第二遍、第三遍。我在想，如果我是一个职场小白，能够看到这本书是何其幸运，它给了我们很多方法去和领导相处；如果我是一个管理者，能够看到这本书也对自己做好一个“领导”有非常大的帮助。这是我看到过最实用的领导类书籍，它能推动我们从思维改变到行为落实，最终产生互相成就的双赢结果。

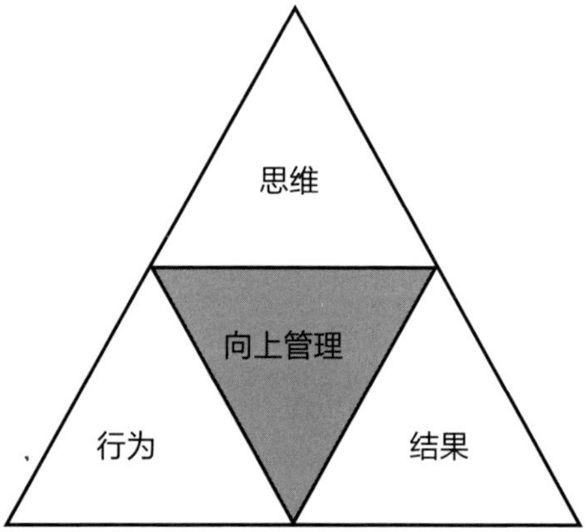

向上管理首先是一种思维，书中给了我们很多启发。作为职场人，首先要自我独立而不要自我设限，尤其不要有“受害者”思维，

认为错误都是别人的。作为“成年人”团队中的一员，首先要明确做人——自己想要的成长目标，以及做事——自己想要的业绩结果。其次需要建立把领导当成资源、当成客户的思维。有一个贴切的形容，员工和领导就像电脑的键盘与主机的关系，如果键盘不做任何输入，那么主机是无法展开工作的，只有保持沟通输入，才能得到最好的效果。最后要理解，领导是人而不是“神”，他也有自己的七情六欲，有自己的好恶，也会犯错误，所以需要用同理心来和领导沟通，因为在工作中大家有共同的目标——完成高绩效，获得好的工作结果。

向上管理是一种相当重要的行为和能力。本书的两位作者都是经验丰富的企业教练，在书中给了我们大量有效的方法。例如，如何对领导进行分类？管理领导的基本原则是什么？如何获取领导的信任？如何判断领导的类型？七种典型领导类型的管理方法、六种经典场景的解决方案，等等。每一种方法都有相应的案例，就像是我们日常工作中经常发生的事，其解决方法让你愿意去尝试，这使得本书的阅读非常有趣。但书中的方法并非泛泛阅读即可，更需要你去工作中实践。它们将给你带来意想不到的沟通效果，为你的工作助力。

向上管理的结果是相互成就。在职场中遇到一个你喜欢的领导是幸运的，但遇到一个你不喜欢的领导也是一种幸运。前者的幸运是有一个榜样让你模仿前行，而后者的幸运是给你压力，让你打破舒适圈从而得到成长。了解你的领导类型以便更好地沟通是一种方法，但更重要的是你内心的独立与坚定的自我成长目标。

本书的最后，有一个非常有趣的苹果树成长的故事。你会发现任何事件本身不重要，重要的是在这个事件中，我们以什么样的思维去决定我们的行为，最终将得到不同的结果。希望我们每个人都能通过本书得到想要的成长，成就他人，成就自己！

破除三种自恋，让老板“为你所用”

——崔璀

优势星球创始人，Momself 创始人

《做自己人生的CEO》《深度影响》等著者

我常常说，向上管理是我们这些职场人要拥有的最重要的核心能力之一，一定程度上，它甚至决定你职场发展的速度。

为什么这么说？因为我们生活中的权威（老板、重要的客户、家庭中的长辈等）常常是我们能接触到的最重要的资源。

如果能得到你的主管和老板的支持，你的效率会比一般人高很多。

可能你费尽心机去联系的一个行业大咖，你的老板只要发个微信就能搞定。或者是你踩了很多坑才能明白的道理，你的上司几句话就能帮你梳理清楚思路。但是能不能撬动他这个资源，这就是你的能力。

关于向上管理，我认为最准确的一个定义是**现代管理学之父彼得·德鲁克所说的：你不必喜欢、崇拜或憎恨你的老板，你必须管理他，让他为你的成效、成果和成功提供资源。这种积极的做法，就叫作“向上管理”（Managing Up）。**

这个定义，让向上管理这个能力变得更加理性和成熟。

那为什么有如此多的“向上管理失灵”呢?

我曾经拆解过向上管理的三种自恋。

第一种自恋就是：我以为我不说，领导也应该知道。

每当我鼓励职场人去跟自己的老板积极沟通、表达需求时，便会发现很多人的心理活动却是：这不是显而易见的吗？要说得这么清楚吗?

我们做任何事情都需要资源，需要支持，但是有些员工不会主动说，等着老板来分配，认为“我不说，别人也应该知道”。可事实是，他并没有得到自己想要的东西，因此会觉得委屈，不被看重，没有人慧眼识珠。

可是啊，这真的只是你的想法。因为你的焦点都在这件事上，它就会被你无限地放大，在你的认知当中，它就等同于全公司的事。好像它有西瓜那么大，它就应该摆在桌子上，所有人都应该看得到，和你一样重视它。但事实是，在一个忙碌的集体中，在忙到不可开交的老板那里，这只是“你”的需求，就只有核桃大，而且还被你收在口袋里，别人哪能看得到?

我记得脸书首席运营官桑德伯格在《向前一步》这本书中写过一

段话：“社会财富从来不是被分配的，而是需要人们去主动获取。”

第二种自恋认为：我只要说了，老板就应该配合我。

有的人可能会说，我说了呀！我都把需求拿出来了！可是没有用啊，老板还是不回应我，不配合我。会产生这种自恋，是因为我们把“我需要你这么做”，在心里偷偷变成了“你应该这么做”。打个比方，我正在认真工作，孩子在旁边吵闹不停，一般情况下，我会直接吼孩子：你小声一点！

我们理直气壮，不觉得自己是在请他帮忙，而是默认为，他就“应该”安静。可问题来了，孩子正玩得开心，安静不是他的需求，安静只是我们的愿望。

你看，我们在无意识当中，把自己的需求放大成了一个命令。

转化到职场中也一样，我们通常的逻辑是：我对公司提需求，难道不是天经地义的事吗？我是为了公司啊，为了我们大家啊。

道理是这么个道理，但事情不是这么个事情。

在这里，我们有一种错误的转换：把“我的需求”转化成了对别人的一个要求、一个规则：你当老板的，我表达了我的需求，你还不响应，你算什么好老板？

领导力变革大师约翰·科特表示：“这世上没有完美的老板，他们没有用不完的时间来善待每一个下属的需求，也没有用不尽的知识来解决每个下属的问题。”

成熟的职场人，要学会清晰准确且坚定地表达“我需要”，但这并不容易。在多数人的认知中，很难开口说“我要”，这跟我们的文化也有关系——大家都很含蓄内敛。可是，说出“我需要”“我想要”，这并不自私，认为“你应该”“你必须”，这才是以自我为中心的自恋想法。

第二种“自恋”往往是无意识的，感觉我只要把需求拿出来，就应该被满足。

但事实上，这只是我们的需求。虽然在自己看来，这个需求合情合理，自然就应该被实现，但我们很难承认的真相是：别人需要的东西，真的跟我不一样。而且在这种自恋思维下，会有一个问题，就是其实你并没有表达清楚你的需求，你只是认为你表达清楚了。

你可能会跑到你的主管面前，说这件事真的太难了，然后吐槽1000字。你知道主管这个时候心里怎么想的吗？这个人真会抱怨啊。但其实，你想表达的需求是，我需要有一个人支持我。

这样努力却无效的沟通，真让人感到遗憾。

第三种自恋叫作：老板的需求，就是难为我。

人们常常抱怨老板：“老板整天给我出难题，就是为了难为我。”

每次听到这种话，我都忍不住脑袋里浮现一个画面：

这会是怎样的一个老板啊？用几百万元注册一家公司，自己每天去公司的目的只有一个：跷着二郎腿，各种挑剔、贬低自己的员工。

真的有这种老板吗？哪怕有，肯定也是少之又少。那为什么我们会觉得老板总是针对“自己”？本质原因是，我们只看到了自己的需求，没有看到老板这些动作的“意图”。为什么他要拒绝我？为什么他会提这个需求？他的本意到底是什么？

我经常讲这个故事：有一天快下班了，老板跟你说：“我要一个锤子。”你心里嘀咕，这大晚上的，我去哪里给你搞锤子，这不现实啊！这老板真是个锤子，整天刁难我。你心里正吐槽他呢，另外一个同事说：“老板，您为什么想要一个锤子啊？”“墙面太单调了。”老板说。“您期待它发生什么变化会更好呢？”同事又问。

老板回答：“把团队重要时刻的一些照片挂上去。”——所以问到这里，你才知道，原来老板要的不是锤子，他真正需要的是让墙面更丰富。

全球高管教练第一人马歇尔·戈德史密斯指出，对待老板，只需把握一个原则：“你怎么服侍你的头号客户，就怎么对你的老板！”

这不是让你溜须拍马，而是希望你能深挖老板的需求，抛开对老板的误解，真正做到“向上管理”，去获得能支持你职场发展的资源和帮助，创造双赢的结果。

看到这里，也许你会想，真是太复杂了，业绩压力本来就够大了，还要考虑怎么管理老板，那不如直接换一份工作，找一个更好的老板，让他来理解我，不需要我做这么多额外的动作。但就我的经验，带着这种心态，我们往往找不到那个理想中的老板。因为，我们对这种老板寄予的希望太高了。高到什么程度呢？我们根本不愿意付出任何沟通的努力，不愿意表达，不愿意谈判，不愿意妥协，只是幻想着别人可以自觉地发现我，主动地配合我，和我的需求保持一致。

与其幻想这样的人出现，不如尝试一下“向上管理”。在我有限的经验里，我发现，那些善于管理老板，能从中获得支持和资源的人，都是更擅长沟通，有能力调动各种资源，不断改进自己的人。他们把老板当成自己的“合伙人”，更敢于表达自己的需求，更愿意倾听他的需求，更会主动地去寻找合作的方法，直到结果让双方都满意。

做到这样，其实也相当于拥有了职场的一种重要能力。至此，你的老板一定已经成为你工作上的助力——这就是“向上管理”最大的价值。

更多关于向上管理的方法论，在这本书里有更详细的阐述。除此之外，这本书里还有很多生动的案例，有趣易懂。

相信你在读这本书时，会更深入地理解“向上管理”的意义和价值——正是这些对生活的理解，让我们一天又一天，走向了更好的自己。

Preface One | 序一

季益祥

在很多职场人眼里，“管理领导”似乎离我们很远，总觉得管理是领导的特权，员工只需要管好自己就行了。我在 1996 年大学毕业刚入职场时就有同样的想法，那时的我只管闷头干活，从不主动找领导沟通交流，所幸在外企遇到几位开明的领导，他们的点拨让我少走很多弯路，比如“你的绩效不是由你干了多少决定的，而是由你领导的绩效决定的”，再如“轻重缓急的标准往往在领导那里，不在你这里”，等等。在一个团队里，领导者的成功概率往往是最高的，因为领导者的能力、信息、资源、眼界会强于下属。试想，一个如此巨大影响着自己绩效的人，难道不值得被管理吗？

2003 年我开始创业，充分体验了从管理自我到管理他人到管理部门到管理业务再到管理组织的转变，站在一个领导者的角度来看管理领导这件事，有了更多的感悟。

从 2010 年起，我走上了教练之路，开始为企业高管做一对一指导。在和企业高管们交流时，我有一个惊奇的发现，那些优秀的管理者往往善于利用领导的资源并发挥领导的优势，与其绞尽脑汁地苦思冥想，不如向领导请教一下来得高效。

这个现象再一次印证了管理学之父彼得·德鲁克在《卓有成效的管理者》一书中的观点：“工作想要卓有成效，下属发现并发挥上司的长处是关键。有效的管理者了解他的上司也是普通人，肯定有其长处与短处。若能在上司的长处上下功夫，协助他做好工作，便能有效帮助上司，同时也带动下属自己。所以，有效的管理者常问：我的上司究竟能做些什么？他曾有过什么成就？要使他发挥长处，他还需要知道什么？他需要我完成什么？至于上司力有未及的部分，就不必细究了。”

管理领导是如此重要，在我们这样一个尊重权威的国度更是如此。行动教练认为每个人都有无限潜能，都需要被开发。如何开发领导的潜能？我和我的同事高利刚老师把我们这些年来“管理领导”的经历整理出来，希望能够给职场人士带来一些启发。这些经历一部分来源于我和高利刚老师，一部分来源于我们所服务的企业，如中国工商银行、中国银行、高维学堂、中晶环境、常熟标准件、耀海生物、百济神州、OPPO、vivo 等。

我的好朋友王馨佩等对本书的撰写给予了无私的指导和帮助，在此一并感谢。

Preface Two | 序二

高利刚

每个人都有自己的领导，这是一个人一生都绕不开、逃不掉的话题。我们既然无法摆脱，那应该如何正确对待呢？

大多数人对领导的认知都十分简单，遇到优秀的领导就选择“跟着干”，遇到不满意的领导就索性离开。但大多数时候，领导都不是我们选的，而是组织选的。由于领导是受到组织信任的人，作为组织内的成员，你唯一的选择似乎就是服从、服从再服从。

不可否认，在现实中，不少人对我们与领导的关系存在很多偏颇的认知：认为领导在工作中设置障碍，刁难你；认为领导资源分配不均，不照顾你；认为领导看不见你的能力；不提拔你；等等。还有很多极端的行为，如把领导当大哥，逞江湖义气；把领导当亲人，公私不分；把领导当知心姐姐，无话不谈，但结果都让人失望甚至绝望。

管理学家陈春花老师认为，这是传统管理的思维定式的问题，我们大部分人对于管理的思维定式是**向下管理、向上负责**。这个思维定式的结果，导致对管理者的社会义务和责任之间的认知出现了问题，更不知道管理者应该对谁负责，应该管谁。她主张：**向下负责，向上管理**。

什么是向上管理？

彼得·德鲁克在《卓有成效的管理者》一书中说：“工作想要卓有成效，下属发现并发挥领导的长处是关键。”一个好的管理者需要做好向上管理，充分发挥上司的长处，这是一个管理者工作卓有成效的关键。

今天，我们把这个话题做简单化解读，所谓向上管理，就是你要主动积极地去和领导沟通，理解领导的要求、想法，了解领导的工作方式和优缺点，及时和领导建立起共识、共鸣、共振，也就是“同频共振”，发挥各自的优势和长处，从而实现共赢。

在职场中，很多人都曾遇到一些不符合逻辑又看似无解的问题：有人踏实肯干，却没能得到对等的利益回报；有人全力付出，表现出色，却没能获得领导的赏识；有人渴望得到一个大展拳脚的机会，却总是得不到领导的支持；有人总是领会不到领导的战略意图，无法把工作做得准确到位……

那么，是什么阻挡了我们拥有傲人的业绩，错付了我们的汗水与努力？往往是因为职场人与领导之间存在着隐形的壁垒，很多人渴望探索这些职场怪圈后的秘密。其实，这些令人迷惑的现象背后隐藏着你尚未读懂的规则。

在这本书里，我们不会讲复杂的系统理论知识，因为我们相信场景以及案例故事里会有真正的力量，通过每一个场景、每一个故事的还原，能够让大家反观自己身边或自己身上是不是有过同样的场景、同样的故事，以及我们用过的解决方法是不是适合自己，作为自己解决问题的参考。

我们也希望通过场景还原，总结我们的经验教训，把故事掰开了，揉碎了，坦诚地与大家分享我们曾遇到的问题，让大家尽可能获得一些参考，哪怕一点点。

在这里，我们抱着一种坦诚的心态，毫无保留地来跟大家讲述职场发展中所遇到的一系列问题，我们是如何解决的。

我们会用真实职场案例说法，通过解读“两个认知 + 六个原则 + 五个雷区 + 六个场景 + 七大难题”，全面解析职场中该如何建立和谐稳定的上下级关系，手把手教你如何正确地管理好你的领导。这是一本有关“向上沟通、向上管理”的实用操作手册，同时也是一本解读“如何与领导相互成就”的行为实践指南。希望你阅读本书后，能够从被管理者变身为向上管理者，成为更优秀的自己！

当然，职场生态是不断变化的，管理模式也是不断进步的，每一种方法都有时代的局限性，也有场景的局限性。所以希望大家在看待这些问题的解决方法时，也要多思考一下，不要一概照搬照用。同时我们也看到很多共性问题，所以在本书里，我也会把我们对向上管理共性问题的理解，以及为解决问题所提供的方案分享给大家。

如果你是领导，请千万不要误认为本书“是帮助员工对付套路领导的行动指南”。此书的目的，是告诉下属如何通过管理自己的期望值和行为，让自己能主动适应不同管理者的管理风格，能心情愉悦地做好工作，出业绩。下属一旦掌握了向上管理的基本要领，会让公司的管理工作更顺畅，上下关系更和谐！

如何你是下属，你更要阅读此书，因为书中不但有管理上司的措施，还有提升自身价值的方法，让你能赢得信任，获得上司的关注、帮助，快速晋升！

真心希望无论是管理者还是被管理者，都能多多阅读本书，也希望大家能从彼此的关系中获得利益，成就他人，成长自己。

Contents | 目录

第三章　向上管理的基本原则

第四章　七种典型领导的管理方法

第五章　六种尴尬场景的化解方案

第六章　避开管理领导的五个雷区

结语

第一章

正确认识领导，才能拼好职场

管理领导，是要把领导的长处发挥到极致，而不是去发现领导的短处，四处抱怨。领导其实并不愿意“管理”下属，领导希望有一天不需要他的“管理”，甚至领导的终极目标是希望被下属“管理”！因为领导知道自己是个“资源”，但下属经常因为不懂得管理，而浪费甚至荒废他这个优质“资源”。

01

领导是你职业生涯的“梯子”

一个人从出生到成长，一直经历着不同角色的转换：从家中到学校，从学习到工作，从单身到结婚。在过去十几二十几年的经验里，我们往往会得出这样一个结论：无论走到哪里，头上总有一个领导。

尤其在职场，每个公司都是一个金字塔组织，99% 的人都有一个领导。那么领导真的是我们头上的“千年大山”吗？

先讲一个阿曼达的职场经历，看看领导在一个人的职业生涯中到底起了哪些作用。

阿曼达在刚加入A公司时，不论是她的朋友还是公司的高层都不看好她。阿曼达的直属领导力排众议录用了她，但告诉她，无论如何必须干满两年。

阿曼达心里满是感激。没想到从此，阿曼达的“炼狱般的”工作节奏开始了。

领导不停地把一些零敲碎打的琐事，诸如发个传真、打份文件、送个东西什么的都发落到阿曼达头上，而遇到稍微重要点的事情，领导100个不放心，不停地提点、督促阿曼达。阿曼达挨批评也成了家常便饭。这样的情况持续了一段时间，阿曼达的心里开始嘀咕，录取我就是为了让我来打杂吗？就是为了刁难我吗？阿曼达无数次动过离职的念头，但为了两年的承诺，她强忍下来了。

就这样，一年半以后的阿曼达从一个一窍不通的“菜鸟”，成长为独当一面的项目负责人。

两年后，阿曼达被另一家公司高薪挖走。

回忆起这段经历，阿曼达笑着说，领导骂她的次数比自己爹妈骂得都多。但正是这段时光，给了她最好的历练，让她从一个职场新人迅速成长起来。如今，阿曼达已经是业界知名的专业人士。

无论和以前的领导闹得多么不愉快，你只要回头看一下，自己在职场的上升路径，获得那些能力提升的背后，无不渗透着领导的影子。

也许有人说，自己遇到的领导可没这么好。

我们接受的教育，很容易让我们习惯用“好不好”去评价一个人、一件事，但一个领导之所以能成为领导，他一定拥有你还不具备的能力。每个领导都不是完人，有这样的优点，也有那样的缺点。领导也有他自己的成长轨迹，有时能突破自己，有时也会囿于自己的惯性思维。

很多职场人士常犯的一个错误就是，非要把领导分成“喜欢”和“不喜欢”两类。但正确的分法应该是，这个领导有哪些值得自己学习的优点，以及需要避免的缺点。这种分法对自己的职业生涯才有意义。

一个可以做你的领导的人绝不会一无是处。尽管“草包”领导时常存在，但你总可以从他们身上学到一些东西。

等你站在高处，回头再看你曾经的领导们，他们真的是我们头上的“千年大山”吗？

他们更像梯子，你职业晋升路上的梯子。当你想往上爬的时候，头上确实有个“领导”。但当你回头看时，以前的领导，又是一个个帮助你成长、促使你前进的阶梯。

职场老人都知道一句话，“跟对人很重要”。意思是，一个拥有人格魅力的领导，本身就是我们职业生涯中的一笔财富。

换句话说，领导是你的资源、财富，就看你如何运用好这笔资源和财富。或许领导有这样或那样的问题，但是要记住，我们需要的是领导的优点和长处，而不是缺点和短处。因此，如何管理好你的领导，让他在你的职业生涯中发挥更大的效用，才是每一位职场人士真正的功课。

阿曼达坦言，当她离开前任领导，尤其自己做了领导后，她突然理解了领导的用心。

当我们对管理和被管理都有了深刻的理解，有了“向上管理”的意识之后，想法就会完全不同。你觉得领导在“管理”你，那是因为你内心深处让他“管理”你。

所以，面对我们职业生涯的阶梯，我们可以换个角度去思考领导希望你做什么。还有，让领导知道，你希望他做什么！

02

为什么领导总是为难我

职场中，我们经常能听到这样的话：

“我的领导为人刻薄，非常难缠，一点情面也不讲。”

“我的领导一点也不理解我的处境，这么难的事情，毫无头绪地就扔给我。”

“领导随口一句话，我就得做一整套方案出来，可千辛万苦地完成了，结果领导又说不要了，这不耍我玩吗？”

这些话我们都听到过吧？当然，我们可能还会遇到更多“难搞”

的领导。

很多职场人士发现，在我们的工作中，领导的“敌意”仿佛无处不在。

既然是“敌意”，我们不妨先看看这个“敌意”究竟来自哪里，又会走向何方。

先和大家分享一个小案例。

凯西刚入职C公司，就感觉到来自顶头上司的一股强烈的敌意。因为不管什么事，上司总挑她的刺，还经常指派一些额外的工作，比如把那些吃力不讨好的活儿给她。

一开始，凯西并没往心里去，后来竟然被领导当众批评了，而且还是因为一件很小的事。最让她生气的是，这个批评显然是对人不对事的。这种情况愈演愈烈，让她不得不正视这中间的问题。

一次偶然的机会，凯西在茶水间与行政部的几个女生闲聊。“看似闲聊，其实我是有目的的，我要从多个渠道了解一下我顶头上司的信息。”功夫不负有心人，凯西终于打听到一些有价值的八卦，那就是顶头上司与大老板常年不和。而自己，正是大老板招进来的人。

虽然凯西和大老板并不熟，但顶头上司并不这么认为，所以一开始确实带着敌意看待自己这个新人。

凯西这才明白，顶头上司的成见，根本不是针对她本人的！

所以这“锅”背得还真是冤啊！

没错，任何莫名的“敌意”背后都是有原因的，甚至还有原因背后的原因。如果不去了解，我们就无法去做所谓的“向上管理”。

凯西在了解到真相之后，就明白该朝什么方向努力了。后来，凯西主动示好，并常常主动帮领导做一些事。一次，凯西找机会和领导一起午餐，顺便委婉地表达了自己和大老板并无关系。

此后，凯西明显地感觉工作上顺畅了很多，来自领导的阻力也消除了。

假如当初凯西本能地反感领导，并与之作对，那结果可想而知。至少，那样做对凯西的职业生涯没有半点好处。

通过凯西的案例我们发现，所谓来自领导的“敌意”，有时候并非针对我们本人。更普遍的情况是，很多领导有自己的管理风格以及对下属的要求。这些风格和要求让下属不习惯、不适应，因而产生对立情绪。

一般来说，当你明显地感受到来自领导的阻碍时，首先应弄清状况——即每次领导发火或刁难的原因到底是什么。首先需要确认，是否自己在工作方面确实达不到要求；接下来再看看是否另有隐情。

所以，我们要先从工作上来推断，再来看看关系的因素。

只有准确判断原因，才能决定下一步该怎么办。

根据笔者的经验，来自领导的敌意通常有以下四种来源。

第一，你刚到这个部门，领导对你不了解，所以会有一定的戒备心。

第二，你过于锋芒毕露，甚至光芒掩盖了你的上级，领导难免对你有敌意。

第三，你确实在工作中有瑕疵，这直接或间接损害到了领导的利益。

第四，办公室内部竞争的原因，使你成为牺牲品。

这四种情况，要区别对待。

第一种情况，你和领导的熟悉度不够，彼此有戒备心很正常。只要你低调对待，对领导保持足够的尊敬，并用实际行动来证明自己在工作中的价值，相信领导会慢慢接纳你。这需要花一点时间。

第二种情况，学会低调做人，同时对领导释放出相应的善意。至少，在领导手下时，你们依然是一个团队，一个利益共同体。你要尊重领导的权威，这是所有善意的基础。

第三种情况，高调做事，把事情做到极致，让领导挑不出毛病。倘若确实是因为工作的瑕疵损害到了领导及团队的利益，领导对你不满也不为过。化解敌意的有效方法就是，承认错误，用心改正。改正后的效果也要让领导看见。

至于最后一种情况，就是办公室内部竞争的问题了，无论如何先以做好本职工作为前提。如果实在无法应对复杂的人际关系，换领导、换个环境也不失为一种应对的策略。毕竟，工作对于我们来说，不仅仅是一份收入，更多的是通过工作为自己赋能。

说到赋能，请各位记住，领导是为你赋能的重要助力之一。所以，要学会主动和领导进行沟通。

领导时间少，但信息多、资源多；而你时间多，但信息少、资源也少。所以沟通时通常遵循以下两个原则：谁资源匮乏谁主动沟通，谁比较痛苦谁主动沟通。所以，和上级的沟通一定是由你发起的，切记不要等领导来找你。

你有没有发现，在职场中，很多时候领导一来找你，准没什么好事。主动和你的领导沟通有两个好处：一来你可以更加直观地明白你所要做的具体工作的内容以及重要性，这个涉及“是什么”（What）和“为什么”（Why）；二来或许领导能为你提供更好的解决方案，这就涉及“如何做”（How）。想象一下，在职场中，有时候你闷头干半天，是不是不如请教一下领导来得更高效？这是笔者工作几十年来最深刻的一种体会，所以主动跟领导沟通至关重要。

当你学会管理你的领导，找到和他的最佳相处方式，并且学会和领导沟通之后，你一定会发现，原来领导并没有那么难相处。困难，也没想象的那么多。阻碍，其实没有存在的基础。

03

如何把领导变成资源方和支持者

要学会向领导借力。但这个借力的前提是，你把你的领导视为对手还是队友，视为压迫者还是资源方。这是我们的心理视角，心理视角决定了你的行动方向。

不同的人会对“领导”产生不同的理解。你如何理解领导，也决定着你和领导的关系会朝着哪个方向发展。职场中，领导其实是一种特殊的资源，他既可以是人事资源，也可以是一种技术资源。

比如，在工作对接过程中出现问题，特别是其他部门领导不予配合的情况下，求助自己部门的领导出面，配合起来就会更加容易，此为人事资源。每个人擅长的东西不一样，当发现自己不擅长，但是领导擅长的时候，可以请领导协助完成，此为技术资源。

一个人、一个团体，只要处身于社会，处身于各种错综复杂的关系中，就必然离不开各种支持，对于特别渴望进步与成功的人来说更是如此。身处职场，获得来自领导的关键支持，往往可以让你事半功倍。

格力电器的董事长董明珠，曾有一个相处得不太顺的领导朱江洪。1991 年，朱江洪是格力的总经理，董明珠是一名普通的销售。两人一个技术狂，一个铁娘子，免不了争吵。然而争吵归争吵，董明珠还是在朱江洪的支持下，从经营部长、大区经理、副总、总裁做到格力集团董事长。两个人合作，把格力带进了千亿俱乐部，甚至突破了两千亿元销售大关。

管理大师彼得·德鲁克有一句话，他说：“你无须喜欢和仰慕你的老板，也无须恨他。但你非得管他不可，这样他才会变成你获得成就、表扬……和个人成功的资源。”现在看来这句话说得真是太有道理了。

管理领导，就是把领导变成你的资源方和支持者。

当然，管理领导，首先要克服你心理上的阻碍。有两种极端心理你必须摒弃，一种是自卑，另一种是自大。要做到“三心”：首先要以平常之心看待领导的优缺点；其次要以友善之心帮助领导扬长避短；最后要以谦忍之心做领导的幕后英雄。

从效果上看，管理你的领导，是你通过影响领导，使事情按你的正确规划前进，这对领导、对整个团队、对实现你的职场价值，都是一种正能量。

这里笔者给大家分享一位学员艾拉的经历。

艾拉走出校门遇到的第一个领导，曾经是世界500强的一位高管。他注重工作流程，专业水平极高。艾拉入职时有两个选择：做领导的秘书或者助理培训师。最后她选择了前者，“虽然秘书的职位看上去起点和薪水都不如助理培训师，但秘书可以和领导近距离接触”。艾拉真是一位有智慧的职场人士，助理培训师这样的工作机会未来还有很多，可是遇见一位好领导并且得到近距离指点的机会却是非常稀有的。大家都知道培训界有一句流行的话，读万卷书不如行万里路，行万里路不如阅人无数，阅人无数不如高人指路。

事实证明，艾拉做了一个正确的选择，领导和她一起探讨职业生涯规划，传授他的职场经验，带她成长，带她挑战舒适区。共事一年后，这位领导辞职创业，临走前，对艾拉的薪酬、岗位都做了周到安排。直到现在，他在自己的领域里依旧是排头兵，而艾拉也早已晋升到高管的位置了。

遇见一个强有力的好领导，很容易获得更好的发展机会和空间，因为这位领导相比其他人更有可能因晋升、调职、被猎头挖走甚至是创业而离开本部门。你所能做的，就是抓紧一切时间向领导学习，努力提高自己的专业技能、管理能力，成为领导的左膀右臂，让自己在领导离开之前就快速成长起来，为迎接未来更严酷的考验或更有挑战的工作岗位做好准备。

管理，其实就是发挥对方的长处，弥补或控制对方的短板。相比较而言，管理领导，就是要把领导的长处发挥到极致，而不是去发现领导的短处，四处抱怨、抵触。

再看一个聪明的“95后”的做法。

琳达进公司后才知道，自己的领导其实是整个部门吐槽的对象。所有的同事都在背后议论，这个领导无德无能，遇事自己不懂装懂，自己做错的事情，还要把责任推到别人身上。

可那又怎样呢？琳达没有参与议论，也没有太在意大家的话，依旧是踏踏实实地把自己的每一件事做好，很快琳达就从所有的同事中脱颖而出，成为这个部门领导最信任的人。在一次有公司高层参加的会议上，领导特意请琳达主持会议。这次会议琳达给大老板留下了深刻印象，不久，琳达就被提拔为华东区的负责人，跳过领导连升了两级。

所以你看，你的领导也许没有什么能力，但他却比你拥有更多的机会。

关系都是相互的，你想要领导如何对你，你就要如何对待领导。

假如你在心中给领导打上了“无能”的标签，领导也一定不会认可你的能力。信任是双方的，但总有一方要先付出。在职场上谁先付出呢？笔者的建议是资源少的一方先付出，这样才会有更多的机会。

其实当我们刚走进一家公司时，一切都如初见时那般美好，这时候我们会遇到两种领导。假如你遇到的是一位能力超强的领导，那你一定要追随他，他的能力会为你的晋升加速。假如你遇到一些无能的领导，你也要足够努力，因为他们的资源一样可以助你成功。

无论领导拥有能力还是资源，他们都能成为你职场发展的加速器。

04

下属和领导，在职场本该互相成就

做好工作的前提是先管好你的领导，这刷新了我们对领导的认知，也清楚了领导在自己的职业生涯中到底扮演什么角色以及如何理解来自领导的压力。

现在我们知道，管理领导的前提是把领导视为我们的工作资源，视为一个资源库，而非我们的绊脚石。即便真的“绊脚”，我们依然可以想办法让领导和工作一样，成为我们职业成长的垫脚石。总之，如果你不得不面对你的领导，那么通过管理领导、获得领导的支持，可以让你的工作做起来事半功倍。为什么这么说呢？毕竟我们大多数时间都要在这个工作环境中生存，那么，我们有必要主动去管理和改造我们的职场环境，重新定义我们和领导之间的角色关系。领导除了对我们完成工作、升职加薪有帮助，我们还可以从领导那里得到什么？

你可能会问，为什么要说从领导那里“得到”什么呢？

笔者之所以提到“得到”，是因为大部分人和领导相处的时候都会有一种习惯性的“丧失感”。什么是习惯性的“丧失感”？就是总感觉自己被压榨、被剥削、被责备、被要求、被批评，等等。

我们知道凡事都有两面性。当你带着“丧失感”去和领导打交道的时候，你会更在意眼前的得失、当下的感受，还会不自觉地放大这些感受，这会让你忽略你的长远目标究竟是什么。

我们从一个时间线上来看，比如 5 年或者 10 年以后，回过头来再看现在，你会清楚地看到，你和领导乃至同事共处的这段时光，无论是好是坏，都会成为你生命中的一个重要组成部分。那时候的你可能还会说，其实并没有失败，有的只是成长；并没有糟糕，有的只是收获。所以这个时间线可以让我们来重新审视这段时光，你觉得呢？

以前一个员工在一家企业、一个岗位上，或者在一个领导手底下工作，可以干一辈子。但现在，这种情况几乎不太可能了，很少有人能在同一家公司待上十几年甚至几十年，更不要说是在同一个领导手底下干上十年了。

所以，不管你正在为之奋斗的企业究竟是什么类型，你与之工作的领导是什么样的人，终有一天，你们都将成为彼此生命的过客。

当你离开后，再回看这段时光，你曾获得的很多机会和现在所拥有的能力，其实恰恰是前任领导直接或间接带给你的。不管你承认与否，你的工作风格和工作方式，常常会留有前任领导的烙印。所以，我们和领导的关系，其实更像彼此塑造的合作者关系。

说到彼此塑造的合作者关系，我们就来看一个被塑造的案例吧。

杰克进入一家公司后发现自己和领导有很多不合拍的地方，两人的风格完全不搭。领导非常注重流程，而杰克认为只要业绩达标，流程不重要，因此很多手续都是事后补办或者压根儿不办。杰克认为自己这么做完全没问题，但领导却屡屡为此而批评他。有一天，杰克忍不住和自己的领导吵起来，并且闹到了大老板那里。杰克认为自己十分有理，没想到几天后却收到了一封解聘通知函。当时杰克无法理解，他觉得就算业务流程有错，也不至于就此辞退自己吧，更何况自己的业务水平一向还不错。办理离职手续的时候，人力资源部的同事告诉他一句话：你错就错在没有摆正自己的位置。领导是组织选的，流程也是组织定的，不是你个人决定的。带着这句话，杰克离开了这家公司。

几年后，杰克在另一家公司干得非常出色。他回想起当年被解聘的经历，虽然那时候挺恨之前的领导，但在后面的工作中，他对流程变得特别重视。

可能这个教训太惨痛了吧，它深刻影响了杰克以后的工作模式。也就是说，前领导间接帮助杰克修正了工作中的误区。

我们也可以理解为，在流程方面，杰克与领导冲突，重新塑造了自己的工作模式，变得更优秀了。

所以，毫无疑问，领导是组织资源的分配者、权力的使用者，他也是你未来的资源库。

各位，遇到一个有能力的领导无疑是职场幸事。与强大的领导合作，你就已经占到了先机。在工作过程中，你可以从领导身上学到很多东西，这都是你将来独当一面的资本。

如果你遇到的领导能力弱，就需要你多做，领导做不来的你来做，领导不会做的你会做，这个配合的过程其实就是和你的领导进行优势互补的过程。领导会因此而依赖你，同时领导身上的资源和权力，也会自然而然地向你倾斜。

想必大家对领导带下属跳槽，领导带下属创业，成为合伙人这类职场故事并不陌生吧。大家有没有想过，只有彼此互为资源，才可以使双方利益最大化，才能使双方走得更远。

总之，领导和你在团队工作的利益方面是一致的。把工作做好，关系维系好，获得彼此的信任，尤其是获得领导的信任，这是我们踏入职场首先要做的事。

第二章

了解领导，才能管好领导

了解领导的思维模式，并非为了体谅领导，而是为了将来某一天自己可以坐上那个位置而提前做好准备。领导对你的态度是职场的一个重要风向标。我们不但要学着看懂领导的态度，还要学会利用或影响领导的态度。

05

领导最担心什么，最想要什么

作为领导，他的担心是什么？他的目标又是什么？

一提到领导的办公室，各位想想，在我们的脑海里，会呈现一个什么样的画面呢？一间很大的办公室，里面有一张宽大的老板桌，领导倚靠在舒服的老板椅上，旁边是一扇透着阳光的落地飘窗。而且里面只有领导一个人，他每天做什么我们也不知道。如果你去汇报工作，要先敲敲门再进去，毕恭毕敬地等他签完字，然后立马出来。什么电话啊，杂事啊，都有助理或秘书帮助处理。这样的待遇，真是令人羡慕。

也许偶尔你也会梦想，假如自己能坐在那张老板椅上，指点着把工作分给别人，不顺心了，还可以随便骂上两句，然后躲在自己的办公室里，即便发呆也没人知道。这样做领导，真的很美，很享受嘛。各位会不会有这样的想法呢?

可是领导的真实状态又是怎样的呢?

李明的大学同学王聪，是所有同学里面升迁最快的一位。毕业四年多，他已经在一家大公司当上了项目总监。一次李明刚好有事找王聪，便直接去了他的办公室，也就是我们刚刚说的那种大办公室。

坐在王聪办公室的会客沙发上，李明明显感觉到这里的气场不一样。王聪虽然还像老同学那样热情招呼他，其间却频繁接电话，还不时有员工敲门进来问询或者请王聪签字什么的。李明从王聪的语气和做事的节奏中，感受到少有的压力。

李明说："聪哥，你真厉害呀！当了领导就是不一样！这一个人一间办公室感觉不错吧？"

王聪苦笑了一下："嗯，你也看到了，当领导其实是给下属打工的。"

李明调侃说："那咱们换换呗，让我也尝尝给下属打工的滋味。"

王聪说："好啊。你看我坐在这里，其实时间不是我的，整个部门几十号人的事情，我都得考虑。他们做得不好，顶多挨个骂，责任却是我的。"

李明说："可是你并不需要做具体工作啊。你把工作分一分，下面人去做啊。你在办公室总归会舒服些。"

王聪说："我做销售时也这么想。但那时候只需把自己的任务完成就好，每天琢磨客户，想想市场怎么开拓。虽然跑腿看起来挺辛苦，但自己完全能掌控。

"现在呢，看似不用我常出去跑了，但我却要负责整个团队的业绩。我又不能替他们、帮他们做，而是要教会他们、辅助他们把业绩做好。只要团队中一个人闯了祸，我就有责任、有压力。可我这些苦恼，并没人知道。

"你看现在到中午了，我很想像以前一样出去和他们一起吃饭聊天，可是却不能。

"一方面手头的事情特别多，走不开；另一方面，因为我一在场，大家就不说话了。在员工眼里，领导不是同伴，倒像是'敌人'。

"我的内心其实很寂寞。我想了解员工，但发现一旦做了领导又很难走进他们，只能一个人揣摩观察。另外，我还要带领团队，面对竞争对手的挑战，还要协调各个部门的关系。

"这些都无法体现在关键业绩指标（KPI）上，只能体现在我的白头发上。老兄你看，我的白头发比你多了吧？所以呀，其实我的压力，是来自内外部的双重压力。"

听王聪这么一说，李明打心眼儿里开始同情他这位老同学了。

很多时候，我们不要总去抱怨自己的压力有多大，你有没有想过领导的压力呢？你只需要对自己这个职位负责，领导却要对整个团队负责，压力谁大谁小？很多情况下，我们多站在领导的角度去思考一下，就能看懂他们为什么这么做了。你扪心自问，自己有没有花百分之百的精力去努力达到工作目标？你在分担领导的工作压力上又做了哪些努力呢？

就像王聪所说的，领导在享受地位和金钱的同时，还承担着与之相对应的责任和风险。公司如果经营不善或出了问题，领导就是第一责任人，他必须时刻思考如何走正确的道路、做正确的事情，并且不能对组织目标说半个“不”字。同时，领导还要分出精力来警告那些工作不尽心的员工。

一般，能成为领导的人，首先具备的是锁定目标的能力。他们通常是目标导向的人，所有努力都围绕着如何达到目标而开展。

而领导最担心的则是团队出现问题。你所计较的工作得失，无非是个人的利益，但是领导所面临的市场竞争，却是你死我活的竞争。

举个例子。

A 公司是一家照明生产企业，新产品从设计到测试生产一般需要一两个月的周期。老赵是设计部门的负责人，一次由于新设计的 LED 出现一点小问题，导致第一批货报废。按照公司规定，主要设计者被罚了当月奖金，老赵则被罚了第一批货品价值的 3%，5 万元左右。而老赵心里清楚，公司付出的代价更大，不单单是材料成本，还有两个团队两个月的人工成本、房租、水电以及管理成本等。这还不包括因为这次失误导致新产品推迟上市所引发的系列问题。

企业对员工失误的惩罚不过是引以为戒的一个表示，更多的后果是企业承担的，说到底是企业投资人或企业领导承担的。企业必须洞悉市场，才可能在激烈的竞争中存活。销售人员知道满足客户需求、提升客户体验来获得订单，那么，在你眼里，领导算不算你的客户呢？

假如你把领导当成你最重要的“客户”之一，那结果又会怎样呢？当你知道领导最担心的是团队绩效出现问题，最想要的是达到组织的目标，你又会如何服务你这位最重要的内部客户呢？

在领导手下工作的员工，一部分会取代领导的位置，也有不少会成为创业者。了解领导的思维模式，并非为了体谅领导，而是为了将来某一天你自己可以坐上那个位置而提前做好准备。

—— 06 ——

领导是靠什么当上领导的

我们先讲一个办公室的小故事。

陈云是某名牌大学的研究生。刚进公司，大家就传开了，公司来了一个专业对口的高才生。陈云也能从大家的赞美中，感受到他“名校研究生”所带来的光环。

很快，陈云得知不但公司里的大部分人的学历不如自己，而且公司的大领导读书并不多，但喜欢聘用他这样的高学历员工。

陈云不禁有点扬扬自得，每当和同事沟通时他总喜欢说，“我们学校怎样怎样……”某天领导和陈云谈论一个方案的时候，陈云又开始自鸣得意了，他说，“这个方案肯定是不行的，我们老师是教授，也是这方面的专家，他曾经说过……”领导当时脸就黑了下来，此后就很少和他讨论一些项目的方案了。

其实，无论是在机关还是公司，只要是在一个团队里工作，领导始终是金字塔顶端的那个人，他的威望是不言而喻的。假如某天领导突然对某个员工冷淡了，很有可能是这个员工在一个很不起眼的地方犯了忌讳，自己还浑然不知。比如，像上述案例中的陈云那样，一不留神表现得比领导还有学问，比领导还厉害，甚至还有点瞧不起领导的学历，那结果可想而知。

从另一方面来看，假如你真的有了一座金山，就不必在乎领导给你的饭碗了吗？如果你在乎这份工作，那么了解领导的成长之路，这将有助于你理解领导的行事风格、管理方式以及不可碰触的底线。

再糟糕的领导，也一定有他的过人之处。只不过，领导的过人之处未必是你能学来的，但那些领导忌讳之处，若你稍不留神，一句话、一个表现就可能踩到雷区，分分钟成为断送你职场前途的“祸根”。

我们说一千个人眼里有一千个哈姆雷特。你的领导是靠什么当上领导的？这是一个永远没有统一答案的问题，在不同的时间、地点和情境下，领导成功的路径会有所不同，甚至大相径庭。

员工小刘对自己的部门主管相当不满意。并且小刘认为，主管的无能和愚蠢是有目共睹的，这并非他的个人偏见。比如，每次小刘陪领导去见客户，客户和领导沟通起来特别费力，原本几句话就能讲清楚的事，领导竟然来来回回也说不清楚。很多唾手可得的好机会，就被领导这么给谈没了。

小刘忍了几个月后发现，自己的领导确实无能，简直就是常说的那种“干啥啥不行，吃饭第一名”的“典范”。于是，小刘终于忍不住了，跑去大领导那里抱怨，请大领导以后不要让自己和主管一起拜访客户了。大领导嘴上说着知道了，但好像啥也没做，小刘依然要陪主管一起和客户谈事情。

直到一年后，小刘才终于明白。原来，自己的主管和大领导是小学同学，两人私交甚好。大领导并不期待这位能力不够的同学做出一番什么成绩，而是出于对同学的绝对信任。在大领导看不见的地方，主管便是领导的眼睛。

并且，大领导之所以如此注重一个人的可靠而非能力，是因为大领导自己曾被一名有能力的下属骗过一大笔钱。因此，在大领导眼里，可靠比能力更值钱。

小刘在了解了事情背后的深层次原因之后，心中的愤懑和怨恨自然少了。他留心观察自己的主管，果然发现他特别爱汇报，哪怕是一点点无关紧要的事，他也会和大领导说。

暂不说这是否符合职场规则，单说在获得领导信任这件事上，主管做得比自己高明几百倍！

心理学上有一个叫作自我确定的理论，是说人们往往喜欢那些跟自己很像的人。这是因为我们对自己更了解。每个人都有自恋的部分，并且跟那些和自己相似的人或是有共同特点的人打交道，会感到熟悉和安全，这种潜意识选择，就算是领导也不例外。

比如，公司负责招聘的人员，很多时候，可能就是见面那么短短的半分钟，甚至十几秒钟，就决定了我们是否要选这个人。因为我们发现，他可能跟我们很像。当遇到跟我们很像的人时，我们内心就会很喜欢。我们问的问题，对方也特别容易回答。当发现他跟我们完全不同的时候，我们又会问很多刁钻的问题，证明他真的跟我们不一样。大家想想，在招聘中是不是有这种情况呢？

回到我们今天分享的领导这个领域，比如，一个跌倒过又东山再起的领导，往往更欣赏和自己一样不服输的下属；一个靠人际关系升迁的领导，也更看重下属在人际关系方面的处理能力；一个靠专业起家的领导，通常也会对下属的专业能力提出更高要求。

假如你了解了领导的成长史或发家史，那么对领导的性格和风格便有了初步的掌握。

接下来要做的便是，学会站在领导的角度想自己的问题。

问问自己，如果你是领导将如何选择；如果这么做了，领导会有哪些反应；怎么做才能既尊重领导的感受，同时又能达到自己的目标；在和领导打交道的过程中，我们究竟如何趋利避害。

你对领导有多熟悉，你的工作就有多从容！

笔者认为二八法则同样可以用在你和领导的关系上。也就是说，你工作中 20% 的时间是要花在领导身上的，因为这决定了你 80% 的薪水。你是否认同呢？

07

不同风格的领导如何应对

之前，我们讲到如何了解领导的个性，你可能会觉得，人与人的个性相差太大了，我怎么可能完全搞得懂呢？领导又不是我的女朋友或者男朋友，为什么要花那么多心思去搞懂领导呢？或者，我初出茅庐，对自己还不了解，更别提了解老板了，单单应对工作已经让人头痛了。有没有什么简单的方法，可以让自己在与领导的互动中不会产生大的偏差呢？

其实我们说的了解领导是一个过程。就算你不主动去了解，也会被动了解。因为每天的工作任务摆在那里，如何通过手头的工作应对领导，是一个很现实的问题。

这里有一个简单的方法可以让我们对领导风格进行分类，以此来确定我们的应对策略。

这个分类方法是从两个维度来衡量的，一是对人的信任，分成放心或不放心；二是对做事的信任，分成放手和不放手。

从放心和放手这两个维度，刚好可以把领导分成四类：第一种是既放心又放手的领导，第二种是既不放心又不放手的领导；另外两种分别是，放手但不放心的领导，以及放心但不放手的领导。

有的人思想上懒惰，工作不到位，对事不能做到真知、细知，却自认为对事放手；对人不能做到亲知、深知，却自认为对人放心。

既放心又放手的领导（既信任又授权）

这一类领导通常更注重员工的自主性、自发性，也放心让员工去尝试，放手让员工接受挑战。这样的领导是“教练式”领导，既关注员工个人成长，又重视工作绩效，堪称完美。

在这样的领导手下做事，其实也需要一些胆量和勇气。因为既然领导选择了先信任你，那么做得好，你会得到快速成长，但一旦做不好，这种信任关系就会被打破，领导可能会转变风格。

那怎么平衡呢？当然是及时汇报和沟通。领导既放心又放手并非指不管了，而是为了给员工更大的自由发挥空间。你一定要在关键节点上及时沟通和汇报，这样领导才会欣赏你，即使有错误，领导也能够在可控范围内去调整。只有这样，彼此的信任才更牢固。甚至，你可以想办法调动领导参与，从而获得达到目标所需要的足够资源。

当然，领导放手授权出去并不是说不再收回来，领导也会根据实际情况调整授权的范围与期限。因此，在这样的领导手下做事，一定要珍惜领导的信任和给予你的发挥空间，同时通过及时沟通重要节点、同步你的工作进程来控制风险。

既不放心又不放手的领导（既不信任，又不授权）

先看一个职场故事。

赵红每次在朋友聚会时都会抱怨自己遇到了“奇葩”老板。原来她最近跳槽进了一家初创公司，本以为小公司可以学到更多东西，谁知道她的领导对下属既不放心又不放手。老板累得要死，还埋怨团队不给力。

当然，领导感觉“手下的人总是不尽如人意”也是正常现象。但员工不给力，也有可能是和领导不授权有关。那些对下属既不放心又不放手的情况，通常发生在新晋领导身上。他们由于没有太多当领导的经验，所以在给下属交代工作前，总是担心下属完成不好，把事情搞砸，最后责任还会落到自己身上。万一下属办事不力，还会拖垮公司整体业绩，与其一一指导，还不如亲自上阵比较快。于是，新晋领导不敢把手头的工作放心地分派出去。

遇到这样的领导怎么办?

有人觉得，既然领导喜欢亲力亲为，自己也乐得轻松。NO！千万不要做那个“傻乐呵”的员工!

记得，在工作中最好的学习就是直接做，如果领导都不给你学习的机会，你还会因此而高兴吗?

那怎么做呢？记住三个要点：

（1）让领导知道你擅长什么工作。自己擅长的部分可独立完成。而领导擅长的，你可以协同领导完成，并及时总结提升。

（2）主动和领导建立定期沟通机制。如果是一项一周内要完成的任务，双方可以设定每天一对一沟通任务进度。告诉领导你有没有碰到困难，需要什么资源支持，有没有什么信息需要进一步了解，等等。这样可以让领导及时了解项目进度和你的需求，保证项目进展的方向正确和质量可控，让领导彻底放心。

（3）如果度过磨合期后，领导依然不放心不放手，那你真的可以寻找更合适的工作机会了。

从刚才对两种领导风格的分析中，我们不难看出，无论领导放不放心、放不放手，有一些工作我们都是要做的，而且是主动要做的。主动才是向上管理的态度。

再来看另外两类。

放手但不放心的领导（授权但不信任）

什么叫不放心却又对事情放手呢?

这种情况通常发生在非专业型领导身上。比如，领导在专业技术方面不如下属，这时，他只能依靠专业员工做事，但对员工的信任度不够，因此会出现这种现象。

从领导的层面也能理解，领导对自己部门所有的工作承担责任，但对专业技术又不太懂，所以会造成让你做事但处处提防的情况。

不管你能力超强还是每次都勉强完成任务，不管你的选择是为公司工作还是为领导工作，你一定要记住一点，就是要让领导信任你。

那么如何让领导放心，取得领导的信任呢?

首先反思自己，领导对你缺乏信任，是自己做得不到位吗?是否有过领导信任，自己却辜负了领导信任的经历?有的人会有那种一次做错、次次怀疑的心理，所以你首先要想想自己是否有“前科”。

如果自己有“前科”，工作的时候就要更加仔细一些，争取在工作中避免类似的错误再次出现。通过时间证明自己，而非急着找领导理论，后者显然不是明智的做法。

如果自己没有任何问题，就可以尝试找领导沟通一下。最好是在领导心情比较愉悦的时候去找他交流，如果正碰到领导有什么不开心的琐事，就要识时务，不要在这个时候往“枪口”上撞。

如果领导不是对你一个人这样，那么你大可不必耿耿于怀。有些人生性多疑，不容易相信他人。领导肩负着一个企业的经营压力，所以事事秉着怀疑的态度，并不为过，毕竟出现任何错误都关系着领导个人和公司的利益。你可以换位思考，如果你是领导，你是否也会这样呢？这样就更能理解领导的做法了。

而如果是因为你自身能力不够、做得不好，拖了部门后腿，造成领导的不放心、不信任，那你就得千万小心了。除了有意识地学习，快速提升自己的业务能力、学会所需的各种技能，还可以了解领导的工作喜好，这样做的目的在于让领导节省时间，提高工作效率，证明你是有价值的，有利于他的工作的。而让领导放心的最佳办法，就是遇事及时沟通，及时汇报。

领导不信任你，也许是因为你本身太优秀，这时你需要做的就是获取领导信任。简单讲，你需要做到的是让领导信任你的道德品质，或者让领导信任你的工作态度。为了让领导认为你不会威胁他的地位，你甚至可以主动利用专业技能为领导做出业绩，这样不但容易获得信任，还会让领导越来越依赖你。然后，你就可以耐心等待适合自己升迁的机会了。

放心但不放手的领导

这种领导和前一种领导相反。领导自身本领过硬，甚至是业内专家。这样的领导往往希望培养出与自己一样拥有精湛的专业技术与自我管理能力的员工。在员工没有成长起来时，他会事事亲力亲为，虽然对下属信任，却常常要反复督导监察，有时会撸起袖子自己干，搞得自己很累。

领导可能信任你的工作态度，信任你的人品，但对你的专业能力还不信任。应对方案也很简单，增强自己的专业能力。从小事做起，做一个靠谱的人，毕竟工作能力是你除薪水以外的最大收获。

说到底，所有应对策略都离不开“建立信任”“提升工作能力”两方面。

领导的担心是失控，那么我们的管理策略就是“如何打消领导对失控的顾虑”，或者“我可以做些什么帮助领导消除部分顾虑”。这是下属应该问自己的问题。

归根结底，员工自己的“修炼”非常重要。人品和能力，便是修炼的基本功。

还有一些小细节，也是建立信任的必备技能。

（1）敢于主动示好。示好并非讨好，示好是主动获得领导的好感。领导主动接近下属比较难，但领导会观察员工，考量什么人可用，什么人不可用。这就是你展示自己的机会。

（2）从接触的点点滴滴上体现你的人品。让自己做得一天比一天好，在领导心中塑造出一个值得信赖的个人品牌。

（3）定期沟通汇报工作，口头和书面的都要有，让领导随时看得见自己的工作。

另外，除了做好分内的工作，平时留意积累自己对工作的思考和总结，并定期和领导交流。这也是获得领导对自己能力认可的一个捷径。

08

三个细节判断领导的风格

我们把领导分成了放心又放手的完美领导、既不放心又不放手的领导、放手但不放心的领导以及放心但不放手的领导，还讲了针对不同风格领导的应对策略。接下来你可能会问，假如刚接触一个领导，我怎么能快速判断他是哪一种风格呢？总不能等到碰壁后才发现自己搞错了吧。

我们往往会从第一感觉来判断一个人：也许你的领导看起来精明

能干，或者平易近人，当然也可能拒人千里，甚至古板强势，等等。

但领导们可是身经百战，他们给人的第一印象通常具有欺骗性，至少不是全貌。只要工作起来，你就会发现领导与你以为的形象相去甚远。真正了解一个人，往往需要比较久的时间。

今天就教给大家如何在和领导打交道的场景中，通过一些细节来判断领导是什么类型，然后“对症下药”。

具体说来，从以下三个场景中，你可以快速观察、了解并做出初步推断。

从领导交代你任务时的表现来推断领导类型

领导交代任务时，会有特定的语音语调、肢体动作、眼神表情等。当然你完全可以从他交代任务时，通过关注的结果和交代的详细程度来判断领导是不是一个控制性强的人，也就是对下属是不是不太放心的类型。但假如你只听领导说什么，有时也会被误导，因为领导通常会把话说得比较漂亮，但他到底对你信不信任、放不放心呢？

这需要你稍加注意，去观察他的一些肢体语言。在此你可以留意领导的脚的朝向——身体往往比我们的语言更诚实。比如，领导一边和你交代任务，一边快步向前走，这种情况说明他相信你能把这件事做好，信任度是够的。

如果领导把你叫进他的办公室来布置任务，那说明他对这件事十分重视，你的态度也应该格外认真。

如果在此过程中你发现领导的脚朝向你，多半对你表示信任；如果领导交代重要任务时脚的方向是朝向外侧，也就是和你不同方向，很有可能他要离开办公室，或者这件事并不太放心你去做。这时候，你不妨多问问有哪些地方需要注意。

这些微妙的信息，只要你留意，就会有所发现。大部分新人的问题是因为陌生或紧张而屏蔽了对领导的仔细观察。现在你可以尽可能地一边听，一边观察领导的身体语言，来判断他对你的信任程度。

在开会场景观察你的领导

先看一个案例。

孙莉所在的公司经常开会，会开多了，人们都比较麻木，所以每次大家都先抢角落的位置。有一次孙莉去晚了，到会议室的时候，只剩下领导旁边的位置没人坐，她只好硬着头皮坐下了。本以为坐在领导身边会浑身不自在，但经过这一次会议，孙莉突然发现这个位置才是提升自己的最佳位置。她挨着领导坐，不得不打起十分的精神来听领导说话，不但能听到声音，还能看到领导的表情。位置离得近了，最细微的表情看得到，领导的心声也就能揣测到。领导陈述一件事情的时候，什么是发自他内心一定要执行的任务，什么是随口说说，孙莉也能感觉到了。从那以后，她开会就经常坐领导旁边的位置。等领导讲完话，员工发言也从她开始，领导自然会耐心倾听。时间久了，她不但掌握了会议核心内容与各部门的情况，还让领导感觉到这个员工是完全带着头脑来工作的。孙莉很快就得到了领导的信任，薪水也涨了不少。

开会是一个一对多或者多对多的场景，这是观察领导的最佳时机。也就是观察领导作为一个“社会”角色，他更倾向于以一种怎样的公开形象示人。在开会时，你也能很容易观察到，领导对待不同员工、不同事情的态度。

如果你想管理好你的领导，就从观察领导开会开始，观察领导作为一个团队领导，是如何来维护他在团队中的形象的，你还能了解到组织内部微妙的关系层次。这有助于你尽快在其中找到适合自己的位置，同时，通过观察和学习领导的表现，还可以提高你的职业能力。

和领导一起出差

都说一起旅行最能看出人的品质，一起出差也是同理。出差是一对一的近距离观察。当然，你也不要忘记，领导同时也在观察你。

从心理学角度来说，领导是一个权威的象征，当你面对领导时存在一定的紧张感也是正常的。而和领导一起出差，他不再是一个权威的符号，而是一个活生生的人，一个比你有经验的“同事”。重点是，他此时会下意识地把你当成“自己人”来对待。

当你和领导一起面对客户，或者一起完成一项任务时，领导往往会单独嘱咐或吩咐你一些事情。这时候，你就能非常轻松地识别，领导最关心的是什么，最担心的是什么，最在意的是什么。你可以近距离了解领导的处事风格和工作方式，理解领导的思维模式，为今后进一步“管理”领导奠定基础。

如前所述，对领导要放下心里的那层畏惧，把他看成一个资源方和支持者，一起出差正是建立合作关系的最佳时机。

总结一下：三个对领导的最佳观察时机，一个是领导交代你任务时，第二个是开会时，第三个是一起出差时。三个时机分别代表了上下级关系、集体角色、合作角色。把几方面的观察合在一起，一个比较完整的领导行事风格、个人形象、思维模式图就呈现出来了。

09

如何识破领导常用的管理“套路”

古话说，知己知彼，百战不殆。我们讲如何了解你的领导，就是从一些细节上来推断你的领导属于哪种类型。这是从“人”这个层面来了解和分析的。

这一节我们从领导“方式”上来看看，领导经常用哪些管理“套路”。

领导通常有多年的管理经验，所以有些“套路”是他们惯用的。假如我们能了解领导这些惯用的手法，那么就能避免很多的措手不及，从而实现逆向“管理”领导的目标。

一入职场深似海。很多人都说领导就喜欢给员工玩套路。在你的职场中，你是否经历过领导的套路呢？本节我们就来分享一些领导常用的套路。

前面讲过，从信任和做事放手的角度，我们把领导划分为四类。其实，在领导眼里，他们也会从员工的能力和意愿这两个维度，将员工划分为四种，并根据这个划分采取不同的应对方法。

A 类员工，是指那些既有能力又有意愿的员工。

有能力、有意愿的员工，在任何领导眼里都是个宝。对于这种员工，领导往往会充分放权。那种信任和放心是很容易识别出来的。甚至，领导还会经常和这样的员工共同商量工作。

领导的目的是，通过这些方式来激发员工主动思考，给他们施展的空间，让他们更能主动承担责任，把他们的积极主动性和能力都发挥出来。

从员工的角度来看，假如有这样的机会，一定不能放过。因为，领导通常对这类员工的“容忍度”较高。即便因为主动工作偶尔犯下小错，领导也是能接受的。

B 类员工，是指那些有能力但工作意愿或态度有些问题的员工。

对于有能力、没意愿的员工，领导一般都会想办法调动出他们的主动性。这类员工大都属于初步成熟型的员工，最容易转变为有能力、有意愿的员工，因此领导也会比较珍惜，常常通过说服、谈心等方式循循善诱。

领导常用的方法就是经常和这类员工唠家常、谈心甚至谈理想等，目的是寻找这类员工的动力点，通过激励来提高其工作意愿。

你是这类员工吗？假如你是，那么想想是不喜欢工作本身，还是工资太少，激励机制不到位？或者是觉得自己手头的工作没有什么意义，不能体现自身价值？

你最关注的是什么，便可以趁着与领导“谈心”的机会，委婉表达你的需求和想法，解决内心的纠结，以便在现有的工作环境下最大限度地发挥自己的长处和价值。

C 类员工是指意愿度很高，但能力尚欠缺的员工。

能力不够，但有工作意愿、进取心的员工，领导的内心还是愿意培养的。

这一类员工在领导的眼里，属于比较成熟的，因此领导不会过多地去倾听，而是会直接给方法或者给机会，让你去锻炼。

你遇到过喜欢手把手教你怎么做，不断参与你工作的领导吗？

看起来领导干涉你工作很多，实际上，领导是认为你的某些能力还欠缺，因此不放心把工作完全交给你。甚至有的领导会要求你设立目标、定期汇报、定期培训等，这些都是为了帮助你提升能力。

假如你处在这个类别，那么很可能领导不是对你不信任，而是有心培养你。你也要珍惜这样的培养机会，快速进入角色，成长为与岗位要求匹配的员工。

D 类是能力不够，还没什么工作意愿的员工。

这种员工往往很多事情都不喜欢做，工作上能少做一点就少做一点，这是领导最为头痛的员工，也是领导最容易放弃的员工。

对付这类员工，领导会弄出一套严苛的制度来管理他们。比如，什么时候上班，什么时候下班，再加上严格的打卡等各种制度来约束，目的是树立工作的规范和标准。

假如你的领导动不动就拿纪律、规章制度等给你说事儿，那你要当心了，也许在领导眼里，你是个问题员工呢。

你甘心成为这类人吗？赶紧行动起来，在现有的岗位上多做多想，培养自己的能力，提升自己的意愿，或者干脆换个自己喜欢的工作。

除了把员工分类、区别对待，还有三种领导常用的管理套路，你也可以了解一二。

套路1：怀柔手段

“重赏之下，必有勇夫。赏罚若明，四方可行。”自古以来就是如此，要获得什么就得去奖励什么。领导的怀柔套路就是从奖励和赞赏开始的。

领导通常会不同程度地给出一些日常赞赏，比如拍拍下属后背，手写一张便条，团队共进午餐，现场授予证书，赠送致谢礼物，以及其他一些常用的表扬和感激下属的方式。领导还有一些升级版的奖励，比如，给予员工正式的奖励，不单指钱，甚至还可能把奖励直接送给员工家人，等等。

不得不说，领导这些带有人文关怀气息的套路确实很有效。

假如你认为某些奖励对你来说没什么作用，也不妨话里话外暗示领导，你期待的奖励是什么。

套路2：严苛要求

先讲个职场故事。

王磊是一名大学毕业生。他刚入职的时候就听说，领导是个对下属十分严苛的人，他还经常看到有一些看起来很努力的小姑娘被领导说哭，所以王磊在一开始就有所准备，预料到自己要经历一些非人的对待。

一次，王磊被领导安排做一份客户的英文月报。在动手前，领导就已经给了他严肃的警示，告诉他这个工作只教他一次，他要记住每一个步骤。王磊当时认真地看完领导的演示，也问了几处不懂的地方，着手做的时候遇到各种问题，都小心谨慎地再次咨询了领导。在提交报告之前，王磊前前后后检查了一整天，自认为完美无瑕。万万没想到还是遭到了领导的一顿臭批："为什么这个地方多空了一个格？""这个字体怎么没有加粗？""这个标注要有缩进，字体也要统一"……

王磊感到很委屈，之前的实习生七八遍都做不好的事情，他第一次做只有几个错误，自认为很不错了！王磊虽然感到委屈，但还是迅速把错误更正好，又重新检查了两遍发给了领导。就这样，在项目组与领导合作了将近两年，王磊潜移默化地对自己的工作严格要求，这个习惯一直伴随着他的职业生涯。

他当上了领导后，也变成了一个严格要求下属的人。说起他的第一任领导，王磊说自己内心一直很感激她，是领导的严格苛刻换来了他在将来工作中的谨慎和细致。

职场中你遇到过对你要求严苛的领导吗？也许你会恨他害你做无用功，害你无数次加班，害你一遍又一遍地修改，但不得不承认：那个处处对下属要求严格、处处"为难"下属的领导，确实成就了很多优秀的人。

不难发现，这种领导往往也是严苛管理中的受益者。

面对这种领导，很多人一开始可能会不适应。如果你能理解到"领导是对事不对人"这个层面，便可以调整对抗心态，以积极进取之心去做事情。很快你会发现，事情解决了，领导的态度也好了。重要的是，你升职也快了。

当然，如果真的遇到那种经常进行人身攻击的领导，那么你在他这里多留无益。

套路3：胡萝卜加大棒

拿破仑曾说："我有时像狮子，有时像绵羊。我的全部成功秘密在于：我知道什么时候我应当是前者，什么时候是后者。"

没错，领导常用的方式恰恰是这种，时而怀柔，时而严苛，总是一手拿胡萝卜激励你，一手拿大棒鞭策你。

其实所有套路的运用，无非是领导想让员工好好工作而已。

作为员工，就算看透了领导的套路，看明白了领导画的"大饼"和惩戒，也无所谓。因为你只需要明确一点，在这个过程中，你是否能获得能力的提升和真正的收益。

假如答案是肯定的，便无所谓领导什么套路，只需专注于自己成长和发展的目标即可。

假如答案是否定的，那么无论领导什么套路，都不必迎合。你为工作增值的同时能够不断提升自我价值，才是你要迎合领导的理由。

—10—

怎么判断领导对你的态度

我们都知道，在办公室这样一个小职场圈子里，你是如鱼得水，还是举步维艰，很大程度上取决于你的领导对你是否赏识。如果你是被赏识的，自然你施展和表现的机会也多。职场上，你的上升速度会快些，职业发展也就事半功倍、顺风顺水。相反，假如领导不怎么看重你，轻则你沦为默默无闻的垫脚石，重则成为边缘人物直至被迫离开。所以，领导对你的态度是职场的一个重要风向标。我们不但要学着看懂领导的态度，还要学会利用或影响领导的态度。

前面我们探讨的都是领导的性格、管理风格这类领导自身具备的特点。但这些特点，是领导几乎对所有人都会展现出来的部分。而搞明白领导对你的态度，才是重中之重，才算真正有效地管理你的领导，为个人职业发展扫清障碍！

领导通常怎样区别对待员工？

一提到“领导的态度”，大家爱用“领导喜不喜欢你”这样的说法。

假如你是领导眼里的红人，你的一丁点成绩都可能被领导看在眼里，有好事总会想到你。这种看重着实令人羡慕。

假如你感觉到，领导对你的关注明显增多了，开始征求你的意见了，或者有意无意地表扬你，对你的工作反馈也非常及时，那么恭喜你，这传递出领导可能重用你的信息。

当然，也许你会是另外一种感觉，哎呀，以前领导对我还不错啊，现在好像不理不问的，平时有事也不叫我帮忙了，对我提的建议也忽视了，有什么请求还总被拖延……这时候你就要当心了，这是一个明显的“漠视”信号。

一旦被领导漠视，也就谈不上如何管理你的领导了。

需要做的是，先管理好自己，看看到底发生了什么，自己是否忽视了什么重要信息。

下面我们就从几个典型的蛛丝马迹入手，来推断领导是否开始对你有“意见”。

领导经常打断你说话

当你汇报工作或者与同事交流工作时，领导突然打断你，次数出现得越多，说明你越危险。这时候，最好私下找领导沟通清楚，把与领导之间的问题解决好，才能重新获得领导的重视。千万不能视若无睹，不然你的工作会越来越难开展。

领导对你的事情表现怠慢，甚至不公平对待

领导对待不喜欢的下属，一种情况是给这些人安排任务时，会显得不太认真；另一种情况是分配的关键任务渐少，费力不讨好的垃圾任务增多。甚至一些明显不公平的事情出现在你的身上，这说明领导

已经非常不待见你了。这个时候先看看你哪方面做得不够好，把领导给得罪了，只有及时地改正，才能重新让领导重视你。

领导对你的事情，做决定越来越武断，也不再给你辩解的机会

很多时候，领导给你交代事情，几乎不再征求你关于工作的意见和建议，没什么商量的余地，口气也比较不耐烦或者强硬。当领导出现这个信号时，说明领导已经非常厌烦你。

甚至，你与同事之间的矛盾，领导在调解的时候，根本不听你的任何辩解，直接给你下结论。当领导与你之间出现了这样的事情，说明领导已经对你相当不满意，你和领导之间的关系到了非常僵的地步。

当遇到这种情况时，一定要尽早处理好，不然会越来越麻烦。

你要相信没有一个人是天生讨厌另一个人的，领导现在对你的反感肯定是在某些具体的事情上产生了分歧与不愉快导致的。如果想改变领导对你的态度，一定要及时察觉，在领导刚刚开始表现出不满意时，就及时私下沟通。

在沟通之前，自己首先检视一下这段时间的工作，起码不能按照之前的习惯工作了，有问题及时改正，把事情做好。

沟通时，态度要诚恳，而不是抱着“你凭什么这么对我啊”这种质疑和质问的心态。毕竟，组织有组织的目标，个人有个人的目标，

领导有领导的目标。

大部分误会是可以通过面对面沟通及时解决的。

那些解决不了的问题，往往也超出个人的可控范围。但你仍然可以做好自己可控的那部分，比如工作态度、用事实说话，以及为缓和关系做出种种努力，等等。及时补救，才可能重新赢回对彼此的信任。即便没法挽回，至少你能够从这样的经历中获得一份珍贵的经验。

第三章

向上管理的基本原则

获得领导信任后，应该遵循哪些原则来管理你的领导呢？要知道，管理领导就是管理你的资源。大部分人会浪费这个资源，因为觉得领导根本不“听”自己的话嘛。但其实我们要做到的是，学会怎样充分利用这个资源，而非让它听话。

以下就是管理领导这个“资源”的七个原则。

第一，保持工作状态透明。

第二，注重沟通技巧，学会倾听和提问。

第三，为你的工作赋予意义。

第四，越是觉得无法接近的领导越要向他靠拢。

第五，了解领导的真正需求。

第六，用职业化保持适当的距离。

第七，让领导轻松，让自己自由。

接下来，我们逐一讲解这些最实用的方法。

— 11 —

保持工作状态透明

领导在交代任务的时候，内心对你通常会有一些无意识的期待。他希望你能理解他的意图，能让他了解事情的进展，最后得到了什么结果，目的是否达到，等等。

即使领导不要求你提交阶段性报告，你也应该随时随地让领导知道你的工作进展。对领导保持工作状态开放透明，以便让领导觉得事情可控，能够提高领导的安全感和对你的信任度。这一点，我们之前已有涉及，这里再强调一下其重要性。

领导手上掌握着大量资源和机会，有些你能看见，有些你看不见。而你在工作中也能搜集到一些领导所不知道的信息。你对领导保持相关信息的公开透明，领导对你的了解越多，你获得帮助、资源和机会的概率也越高。

我们都知道沟通的重要性，但在实际工作当中，许多很有才能的人却倾向于对领导保持沉默，把事情掩盖起来。这是为什么呢？

很多时候，下属会忽略一个简单而又明显的事实，领导再有洞察力，也没有读心术，无法准确地知道你在想什么。对你来说显而易见的东西，他并不一定同样可以看见和感受到。比如，当领导分派任务给你的时候，你认为领导就有义务给予你清晰的说明和指导吗？你缺乏某些资源，你认为领导会主动帮你解决困难吗？你的经验不足，领导就应该找人教你吗？你累死累活地完成了工作，领导就应该理所应当地知道你的巨大付出吗？

要知道，领导和你在工作难度、工作量、工作时间上面的认知是完全不同的。只有你将自己的想法，面临的问题、挑战还有取得的成就都告诉领导，我们才能真正说“我认为领导知道”这句话，而不是想当然地认为领导知道一切情况。所以在你着手工作的时候，无论一切是顺利，还是充满阻碍，都要将实际情况与领导沟通，保持透明的工作状态。

人际关系尤其是上下级关系中 80% 以上的不和谐，都是由沟通不畅、信息传递有误导致的。

在接到新的工作任务时，你和领导要保持全程沟通，遵循公开透明的原则。在着手工作之前，把自己的想法和思路讲明白，听取领导的意见和建议，确保方向不偏、原则不错。在工作进行过程中，把工作开展的进度、成效以及工作中的问题说清楚，争取领导的支持和肯定，协调处理工作中的难题。切记，有问题自己处理不了时一定要汇报，千万不能置之不理。而任务完成后，你也要和领导做沟通汇报，主要是谈心得、体会和不足，给工作收尾，听取领导的综合评价，以进一步提高自己的能力和水平。

其实人的忧虑、不安甚至恐惧几乎都源于对未知信息的不确定心理。为了消除领导的这种不确定性，你要做的就是透明化你所掌握的信息，并正确地传递给领导。下面我们就来着重谈谈几种主要的沟通方法。

口头沟通

在和领导进行口头沟通的时候，我们要语言简练、准确，用词得当，避免使用模棱两可的、含混不清的语言，确保领导能理解你的信息内涵。沟通过程中，我们可以用表情、语调增强沟通的效果。由于口头沟通可以马上获得领导的反馈，你也可以根据他的反馈，推测你的信息传递是否到位，从而找机会补充阐述以及举例说明。

在和领导面对面的口头沟通中，你的优点和缺点都会暴露在领导挑剔的视线之下，如果不谨慎对待，难免留下“把柄”，因此要注意以下几点。

（1）为了让沟通更有效，应该事先想好汇报的细节，甚至事先在脑海中演练一下。

（2）领导布置任务时，要用自己的话再复述确认一遍。把你要做的事、能想到的细节都向领导反复确认，直到他挑不出毛病为止。

（3）主动给领导提供更多有价值的、能对决策产生影响的信息。

（4）好消息、坏消息都要说出来，不能“报喜不报忧”。

（5）客观地就事论事，不要对信息进行过多加工，不要随便演绎，妄加猜测。

书面汇报

有时与领导面对面交流并不如你想象的那么容易，也许领导几天都不在办公室，也许你找他沟通时还有别的人找他，或者不断有电话进来。所以在实际情况不允许时，为了确保沟通的节奏和效率，你还要穿插着做一些书面汇报，以达到同样的保持工作状态透明的效果。

书面汇报没有时间和地点的限制，可以随时递交文件或者发送邮件，信息传递的准确率甚至更高了！因为白纸黑字不容易引起歧义，而且你在书写的过程中一定是表达严谨清晰、便于领导理解的。书面汇报也可以留档做一个较为长期的保存。

当然，书面汇报的局限性在于，领导不能借助你的肢体语言和语气语调来判断你的想法，所以你在写书面汇报材料的时候务必注意以下几点：

（1）确保信息真实、全面、客观。

（2）斟酌文字，检查是否表达准确无误，并且考虑到领导看到这些文字后的反应。

（3）使用短词语、短句、短段落，突出重要信息。

（4）重要程度高的事情也是领导不放心的事情，应该积极提供决策意见供领导参考，需要领导拍板的部分要用醒目的颜色专门标注出来。

总结

当一项工作任务结束的时候，有必要进行一个复盘总结。工作过程中发生的问题、问题解决的途径、由此获得的经验，都是你需要总结的内容。这些东西不仅仅是领导想知道的，更是你应该思考并记住的。把自己的工作管理好，不断提升经验值，用领导和组织的思维去做事，一切安排得井井有条，在此基础上再去管理领导就容易多了。

有一个很好的便于记录和复盘的方法，就是写工作日志。针对自己的工作，每天记录工作的内容、所花费的时间以及在工作过程中遇到的问题、解决问题的思路和方法。最好可以详细客观地记录下你所面对的选择、观点、观察、方法、结果和决定，这样日事日清，经过长期的积累，就能提高自己的工作能力。等到领导需要你做阶段性总结的时候，拿出自己的工作日志，一目了然，只需要把要点拎出来就可以了。

用开放的心态对待领导，随时沟通以保持工作状态的透明，你和领导之间的合作关系将越来越紧密和良好，也会进一步促进对彼此的了解。

在之后的工作中你会发现，沟通是一个传播信息和达成共识的过程。管理领导就是在加深你和领导彼此了解的基础上，从战略上配合领导的工作方法、工作目标，并且把领导的工作方法、工作目标和你自己的工作方法、工作目标融合起来，达到一种和谐的状态。你从领导那里获取更多的资源和权力，领导也从你这里收到真实的反馈，为目标达成提供真实的价值。

以上三种方法看起来简单，实际上真正能在工作中用好的人并不多。

讲一个职场的案例。

张杰进入一家培训公司不久，被分到一个比较弱的销售团队中。三个月的试用期，如果业绩不达标，张杰将直接走人。虽然张杰前两个月都没达标，但他和组长一直保持良好沟通，后来，组长见他做事很认真踏实，在第三个月时分给他一个比较好出单的片区。张杰也没辜负组长的期待，第三个月顺利完成了业绩。

在写新人销售总结报告时，张杰足足写了五万字。他把遇到的客户分类，记下了每种客户的反应、遇到的问题、他的担心，以及后面采取的措施，还举了很多真实的案例，把这三个月的心路历程等统统写了出来。

没想到，在新人销售经验汇报时，大老板亲自点名，让张杰上台分享，并表扬他是个有心人。张杰上台分享了自己的经验后，还特别感谢了组长和各位组员对他的帮助与支持。不久，张杰就成为那家公司的销售冠军，进而担任了销售主管的职位。

其实，张杰的进步得益于对组长保持开放透明的工作状态。组长见他报告写得认真，所以将报告直接发给老板，才有了后面的事情。张杰的复盘过程，算得上是靠工作态度升迁的典范。

对领导保持工作状态开放透明，是利用领导这个资源的最简单方式。保持工作状态透明，目的是让领导觉得事情可控，提升领导的安全感和对你的信任度，为形成良好的合作关系打下基础。因为领导和你，在工作难度、工作量、工作时间上面的认知是完全不同的。你需要启动沟通机制，将自己的想法、面临的问题、挑战还有取得的成就告诉领导。我们可以使用的沟通方法主要包括口头沟通、书面汇报和写工作日志总结。

用好这些方法，将使你的领导向你倾斜资源。

—— 12 ——

注重沟通技巧，学会倾听和提问

提到沟通，大家会自然地认为，沟通谁不会呢，说话就是沟通啊。大家可以先来看两组沟通的对比。

第一组对话：

领导对小刘说：“小刘，昨天让你做的销售统计表呢，发给我没有？”

小刘回答说：“你又没说让我今天给你啊！我还没完成呢。”

另一组对话：

领导对小刘说：“小刘，昨天让你做的销售统计表呢，发给我没有？”

小刘说：“哦，领导你是需要销售统计表对吗？这个统计表目前还没完全完成，不过销售数据录入已经做完了，现在正按照个人做统计。您现在最想看哪个数据？我看能不能先统计出来给您。如果不着急，下午2点左右便可全部完成。”

相信你听了以后，能感受到两者的不同。

后者就是现在非常流行的“教练式”沟通方式，前者则是“非教练式”沟通方式。

什么是“教练式”沟通呢？

简单讲，包含三个技术：深度倾听、有力提问、积极反馈。

第一个技术：深度倾听

什么是深度倾听呢？行动教练对深度倾听的定义是：站在对方的立场上听到语言背后的情绪、需求等，让对方感受到理解和信任，是打开对方心扉的技术。

如何做到深度倾听呢？你必须学会确认。确认，就是向对方表示你已经或正在理解对方所说的意思，与对方产生了共鸣。确认是倾听的最高智慧，也是同理心倾听的标志。

记住，无论你具备多高的理解能力，你都需要对领导所谈内容进行确认，这既可以保证你正确地理解领导的想法，同时也让领导有机会核实他所表达的真实意图。

比如上面那个例子中，小刘是怎么确认的呢？他重复了领导的问题——“领导你是需要销售统计表对吗？”

确认的语句有什么特点呢？用封闭式问题对对方的意思做澄清，对方只能回答是或者不是。确认会让领导点头，点头就代表你懂我，你理解我了。

我们认为倾听有五个层次。

（1）完全没有听——对方讲的一点都听不进去，也完全没有注意说话人所说的话。

（2）假装在听——人在心不在，兴趣点并不是听，在想别的。

（3）选择地听——只选爱听的、中意的、有利的、无害的去听，其余都当耳边风。

（4）专心地听——听者主要倾听对方的话语、观点、事实和想法。

（5）深度倾听——听到了对方内心的关注、情感以及需求，并感受到他的感受，和对方产生共鸣，让对方觉得你非常懂他。

深度倾听的精髓在于，暂时放下自己的想法，集中听取对方的讲话，并将自己的理解传达给对方，理解对方语言背后的情绪和需求。

第二个技术：有力提问

有力提问是指通过提出适当的问题，激发当事人对问题的深度思考，从而帮助当事人理清思路，找到解决问题的方法。作为职场人士，你可以对自己进行提问以启发自我思考，也可以向领导提问。向领导提问的好处就多了，比如，可以帮助领导理清思路，领导思路越清晰，你的工作就越高效；还有，有时候你闷头干半天的活，不如问领导一个问题来得高效。

怎么问问题呢？这里为你准备了三种有力的提问方式，分别是开放式提问、未来导向型提问和如何型提问。

我们先来看看开放式提问。开放式提问是没有标准答案的扩散性提问。比如，领导为什么对这个地方提要求了呢？我用哪些方式可以尽快达到目标呢？我什么时候可以开始行动呢？从哪里开始着手呢？

未来导向型提问是针对未来前景和可行性的提问。比如，关于这件事情，领导最期待的理想目标是什么？什么是领导最关注的呢？下一步准备如何行动？三个月后会看到什么不同？假如再来一次，我们需要做些什么改变呢？等等。

而如何型提问是含有如何、怎么样等词汇的提问。比如，为了达到这个目标，我将如何去做呢？怎样去应对目前的挑战呢？这个结论是如何形成的？如何开始第一步呢？等等。当然，你也可以在自己思考过后，找机会和领导探讨一下这类问题。这也是一种特别用心的沟通。

第三个技术：积极反馈

最后，再讲一下怎么夸领导，也就是积极反馈。这种夸领导有别于拍马屁，是一种更客观的反馈方式。它像一面镜子，能够让对方更清晰地照见真实的自己。

带着主观判断去赞美对方，比如“领导啊，我特佩服你”“你做事英明神武”，这种言辞很容易让人与拍马屁联系起来，甚至招致领导的反感。那怎么夸领导更好呢？

这里给大家推荐一个来自行动教练的特别好用的公式，叫BIA（积极反馈），即B（行为）+I（影响）+A（欣赏）。

举个例子。

“领导，我发现你每天早上7点就提前来到公司，你和每个遇到的员工都面带笑容地打招呼。你的言行一直激励着我们团队的每个人，也让我们变得越来越自律、自信，让我们觉得很温暖，所以特别感谢您。”

你看，“我发现你每天早上7点就提前来到公司，你和每个遇到的员工都面带笑容地打招呼”是具体的行为。

“你的言行一直激励着我们团队的每个人，也让我们变得越来越自律、自信，让我们觉得很温暖。”这是在说领导的行为带给我们的影响。

“所以特别感谢您。”这里才是欣赏。

这就是积极反馈的三个关键要素。再总结一下，第一要讲行为，就是你看到对方做了什么，你听到对方说了什么，把这个具体的事情描述出来；第二讲这个行为对你产生的积极影响；第三讲对他的欣赏和感谢。如此，这三个元素便构成了一个积极反馈。

这样夸领导是不是听起来自然而有力呢？

现在我们来总结一下这一节的内容。

在你与领导面对面的沟通中，一定要学会使用“教练式”沟通。教练式沟通包含三个技术：深度倾听、有力提问、积极反馈。

深度倾听，是站在对方的立场上听到语言背后的情绪、需求等，让对方感受到理解和信任，是打开对方心扉的技术。

有力提问是指通过提出适当的问题，激发当事人对问题的深度思考，从而帮助当事人理清思路，找到解决问题的方法。三种有力提问的方式分别是开放式提问、未来导向型提问和如何型提问。

夸领导要用积极反馈。积极反馈的公式是 BIA，即行为 + 影响 + 欣赏。

13

为你的工作赋予意义

有两类人，在职场上会出现不适应。一类是步入职场不久的人，主要是感觉不适应。职场新人会发现工作不是自己想象的样子，周围人对自己有偏见，明明自己已经很辛苦了却得不到认同，还会看到原来有人当面一套、背后一套，工作中原来充满着不公平，等等。总之就是会带着一堆怨气工作，甚至对自己所做的工作感到失望，于是选择跳槽，跳槽，再跳槽。经过几次跳槽之后，新人或许会得出一个结论：天下乌鸦一般黑。

第二类人呢，就是工作稳定很久的人。他们终有一天会发现，对这样重复的工作没了激情，工作只是一个谋生的工具而已。换工作，又担心不适应；不换，又觉得没有意义。

没错，本节我们就是教给大家一个找到工作激情的方法。

很简单，这个世界运行着一个规律：有目标的人领导没目标的人，有意义的人领导没意义的人，有激情的人领导没激情的人。

所以，当你有目标，从事有意义的工作时，你就是一个有激情的人，那么你当然就有资格管理他人。

有一个流传很广的关于美国前总统肯尼迪的传奇故事，说的是在

美国首次登月准备期间，肯尼迪曾经去美国航空航天局（NASA）访问。

中途去洗手间时，他看见一位清洁工正在那里拖地板。

肯尼迪向他报以微笑，感谢他把地板打扫得这样干净。那个清洁工马上回答道："不，先生，我不是在拖地板，我是在帮助我们登月。"

深受触动的肯尼迪将这个故事分享给了其他人，随后这个故事迅速火了起来。

先不论这个故事的真假，毫无疑问，这是一个"赋予意义"的佳作。NASA 的领导帮助组织里各个层级的人，无论宇宙飞行器的工程师还是拖地板的清洁工，都能找到背后那份比自己工作本身更宏大的意义。

还有一个关于三个工匠的故事，也许你听过，但我们不妨再来看一看什么是意义。

有三个工匠在一起盖房子。行人路过，问他们在干什么。

第一个工匠不耐烦地说："没看到我砌砖吗？家里老婆孩子要吃饭呢。我不得不工作养家。"

第二个工匠兴奋地说："我在盖一栋很大的房子，等这房子盖好了，可以住很多很多人。"

第三个工匠非常自豪地说："我在创造一个伟大的建筑，它可以让我们这座城市更美丽。每个经过的人，都会因此而记住这座城市！"

十年以后……

第一个工匠还是一名普通的工匠，在埋头砌砖。

第二个工匠成了工程师，在工地上指挥大家建房子。

第三个工匠当上了这座城市的设计师，在他的规划下，这座城市变得越来越漂亮。

从这个故事中我们可以看到，三个人一开始的工作并没什么不同，但结果为什么差距那么大呢？

第一个工匠把每天的忙碌当成一种习以为常的事，听领导的安排，做完工作的目的是领薪水养家。他没有什么使命，也不会发现工作背后的意义。他工作的意义仅限于养家糊口，所以，他只能成为一名普通的工匠。

第二个工匠虽然也是在盖房子，但他的目标是为更多人提供住处。因此，他在做事时，就不仅仅是砌砖，而是抱着“为更多人提供房子”的目标，所以，后来他成了工程师。

第三个工匠带着使命和意义感工作。你可以想象一下，因为有了使命和意义，他的每次付出，都朝着更大的目标前进了一步。这样若干年后，他也终于为自己赢得了精彩的人生。

是的，不同的意义，带给一个人的动机和前进的力量是不一样的。不同意义和不同使命，也决定着一个人最终能走到什么位置。

不知道你有没有发现，我们从接触一件事到付诸行动，做不好的原因往往都是动力不够。你需要深入思考一下自己工作的动力到底是什么。工作的意义决定了工作的质量，这就是真理。

为工作找到动力、赋予意义的方法有如下几种。

算钱

你可以把自己一个月的工资，除以工作日，再除以每天工作的有效时间，很快你会发现，哇，原来我一个小时值这么多钱啊，甚至每分钟值多少钱。

当你把时间和价值挂钩时，可以想一想，怎样能在单位时间赚更多钱呢？或者在单位时间内收获的价值更大呢？

当你浪费时间时，可以想这一会儿又少赚了多少钱。还可以想，这一会儿又少收获了多少价值。

找到当下的乐趣

接受现实，比如，有什么做什么，遇到什么工作就做好什么工作，做什么就把它做好，用什么就把它用好。当你用这种心态面对工作和领导时，就不会觉得有什么苦，甚至还能找到一些乐趣。

这也完全符合经济学价值：如何运用有限的资源发挥最大的效用。这样心无旁骛地做事，最终将把你带入一个良性循环中。

因为这样的工作心态，便是给予自己的报酬。当你回看这段工作经历时，你看到的不是抱怨和虚度时光，而是珍贵的经验、良好的训练、才能的展现以及成功的心态。

算未来

你想成为什么样的人？

可以先问自己这个问题，如果回答不出来，也没关系。你可以问另一个问题，比如，五年后，你希望自己在做什么？从事什么工作？做到什么职位？和什么人在一起？赚多少钱？越具体越好。

带着这个具体而越发真实的未来，回到眼下。

要知道，你现在的状态，都是过去五年你的付出的结果。那么从现在开始，你的每一份努力，也在创造着未来五年的真实生活。

同样一份工作，当被赋予不同的意义和价值时，感受和结果是完全不同的。

向上管理本身也是在为你和领导的关系赋予新的意义。看法、视角不同，意义也大不同，你的行为也会随之变化。

总结一下本节的内容。

学会为自己所做的工作赋予意义。这是一个增加动力、使工作步入良性循环的根本办法。因为工作的意义，让你能感知到每天的进步，这个进步就是新的激励。

工作的意义决定了你未来的成长空间。为工作找到动力、赋予意义的方法有：（1）算钱；（2）找到当下的乐趣；（3）算未来。

虽然获得工资收入也是工作的目的之一，但从工作中还可以获得更多、更重要的东西，比如珍贵的经验、良好的训练、才能的展现以及成功的心态，等等。

—14—

越是觉得无法接近的领导越要向他靠拢

想起领导，尤其是大领导，你是不是觉得他有点高高在上，距离你很远呢?

电梯间偶遇领导，你是硬着头皮进，还是躲着走，情愿搭乘下一趟电梯呢?

遇到需要直接找领导汇报的事，你是立马跑去敲领导办公室的门，还是想来想去辗转传达到领导那里呢?

先讲一个职场故事。

某大银行做教练培训，有一个环节是让领导和部门员工组成 1 对 1 教练搭档，在接下来的 1 个月内完成规定的教练练习并写学习报告。包括大领导在内一共有 5 位教练，32 名员工，大家可以自由选择 5 位领导做自己的教练。

结果只有张一鸣选了职位最高的领导做教练。从喜好来说，大家更愿意选那些平时看起来温和近人的领导。当被问到为何不选大领导做教练的原因时，员工们说感觉大领导太忙了，肯定顾不上这种事情，到时候怕连报告也无法完成。还有人说，大领导看起来就很严厉的样子，还是躲远点好，别一个不小心被领导给批了，那就是自找麻烦了。

后来，张一鸣不但顺利完成了这个培训练习，还因此和大领导建立了很好的关系。再加上他出色的工作表现，两年后，张一鸣成为同事中晋升最快的员工。

其实，下属在心理上疏远甚至敌视领导的现象，在很多公司都有不同程度的存在。究其深层原因，有领导者人品性格、领导风格、工作方法等方面的原因，但也包含一些员工思想观念、思维方式的因素。

作为下属，对那些看起来就很严厉的领导产生疏离感是很正常的。因为觉得跟这样的领导相处困难，员工往往抱着“惹不起我就躲远点”的心态，不想讨好领导，不想拍马屁，但心里也知道领导处理问题果敢、有魄力，内心充满景仰。

什么样的领导值得靠近?

我们先来看一下谁是你的领导。领导就是给你的工作提供意义的人。你每天做的工作究竟是为了什么？做到什么程度算“好”？谁负责回答这些问题，谁就是你的领导。所以，你的领导不一定是一个人，有可能是好几个人。

不管对方是什么职级，只要对方是一个优秀的领导，就要想办法接近他们，而不是以对方容易接近与否来判断。

在一个优秀的领导身边，被熏陶多了，不仅对你的职业生涯，甚至对你的人生都会产生重大而积极的影响。这是不可多得的快速成长机会。尤其对于职场新人而言，好领导比好公司、好部门、好岗位都重要得多。

接下来的问题，就是怎么判断对方是不是个好领导。

这里列出一些好领导的特征供你参考。

第一，肯为下属担责任。只要你跟领导充分沟通过，你捅了娄子，他就会帮你承担责任，这样的领导值得靠近。如果你的领导不能帮下属承担责任，捅了娄子直接推给下属受罚，那你就要小心了。

第二，不和下属抢功劳。事情做成了，一个好领导会把做事的下属推到前台享受掌声。因为领导自己那份名利收获是无论如何都跑不掉的，如果他贪心到把所有功劳都揽在自己身上，不给下属分享，这个领导就很可能有问题。

第三，能给下属做指导。领导通常在工作能力和人生经历上都超过下属，一个好的领导会给下属指导，不光教做事，还教做人。话也许不多，但是点在关键上，能胜过自己一年的奋斗。

第四，能帮下属开眼界。一个好的领导能让涉世尚浅的下属看到之前看不到的东西，接触到之前接触不到的圈子。跟着这样的领导，眼界自然会变高，想问题的层面也会不一样。

第五，能教下属做好人。领导的品行对下属有很大的影响。受到一个理想高远、大公无私的领导的熏陶，自己的修养也会跟着上升几个层次。

假如你遇到的领导符合上述任何一条，都值得你主动接近他。

具体如何接近呢?

工作反馈

领导交代的事情，你能够保质保量地完成，这只是第一步。要向领导靠拢，完成任务期间的反馈也必不可少。有的员工会向领导一天一小汇报，一周一大汇报，每个月还会在领导没有要求的情况下交上工作心得和总结。这种即时反馈，领导看不看是一回事，你做不做却是另外一回事。不要等领导来找你了解情况，而是随时让他了解你的动态。对于领导来说，这样的你即使能力不是最强的，状态也永远可控。

经常反馈工作进展，既展示自己的才华，也倾听领导的指示，这种不间断的互动，会让领导对你更熟悉。以向领导请示或者汇报的名义，让领导给自己的工作结果做个诊断。以自己的工作结果为托词，主动找领导汇报或者寻求新的指示也是很好的一个理由。这样一来二往，领导自然会对你了解更多，你和领导的距离也就越来越近了。

积极反馈

我们与人交流的时候，如果觉得对方很厉害，我们会直接说，“你真厉害”。如果不说，就无法把自己的想法传达给对方。同样，对领导也应该把自己的想法直接说出来。

当然，与领导相处时自然一些比较好，无须降低自己迎合领导。领导其实是“孤独”的，如果下属能向他敞开胸怀，及时全面地反馈完备的信息，并对他的做法表示赞赏，他的心理需求就能得到极大的满足。而从下属那里取得共鸣或者得到修正，领导也能推动工作进程，可谓双赢。

通过关注和认可他人的卓越行为，对他人表示赞赏的积极反馈，本身就是一个改善人际关系的好办法。用在职场上，称赞领导的某些做法，说明你真心在意他，而不是泛泛恭维，这也是拉近你和领导距离的良方。

问题反馈

我们既要看到领导的职务，把领导看成上司，又要把领导从职务中分离开来，把领导当作朋友、兄长甚至老师。我们要深刻认识到领导从事的工作与组织的命运、个人的事业息息相关。在这个前提下，自觉和领导在目标上趋同，眼往一处看，把个人的奋斗目标和领导的工作目标统合起来，用小目标的实现推动大目标的实现，以大目标的成功带动小目标的前行。

在工作中以你的专业度和敏感度发现问题，把情况及时反馈给领导，并且为领导提供有建设性、启发性的意见，若能做到这一点，领导一定会对你刮目相看。你的反馈是基层信息，是来自第一线的反馈，这对于领导来说更具价值，也在无形中拉近了你们的距离。

问题反馈还有一个重要的环节，勇于向领导提出异议，甚至指出领导的问题。有些“聪明”的员工会避免反对领导，但事实上这是一种自私、短视的想法。如果一个领导无法了解自己的问题，会把整个组织带入更加危险的境地，也影响到每个员工的职业前程。别忘了，你想靠近的，是那个气度非凡的“好领导”，善意的提醒和反馈一定会让他对你印象深刻，信任倍增。

主动接触

一个经常和他共进午餐，开会坐在他身侧，在茶水间相遇会主动表达关心的员工，另一个能力强一些，但是基本上没任何私交的员工，你猜猜，有了提拔的机会，领导会提拔谁？领导可是看得一清二楚呢，在职场上，往往前者的关系比后者的能力对工作更有推动作用。

如何主动接触领导呢？比如，会前或者会后向领导汇报一件事情，征求一下意见；利用下班或者午餐的时间，短暂地和领导接触一下，哪怕就是点点头，打打招呼，也能取得很好的效果。而对于领导发起或者参与的活动，尽量多参加，表现出足够的积极性和主动性，也能赢得领导的好感。

主动接触的要领就是抓住机会向领导展现出你积极向上的态度，主动热情，从小处入手，成为对方的刷脸熟人。你在领导身边出现的频次越高，你们之间的距离就越接近。

响应号召

与优秀的领导相处，基本的策略就是多参与。多参与就是利用一些机会，参与到对方所做的事情当中去，创造一些机会，使自己成为领导的眼前人，增加双方的接触密度、接触频率，制造感情沟通的客观条件。

一段时间内，领导能关注的事情是有限的。你要及时观察和捕捉到领导的关注点，积极地就这个点发表自己的意见，并将工作重心也围绕着这个点，体现你的重视。

“如果你是一个职场新手，对你来说最重要的事情，就是对你的领导来说最重要的事情，最紧急的事情就是领导最紧急的事情”就是这个道理。

领导就是给你的工作提供意义的人。好领导比好公司、好部门、好岗位都重要得多。

好领导的五大特征是：第一，肯为下属担责任；第二，不和下属抢功劳；第三，能给下属做指导；第四，能帮下属开眼界；第五，能教下属做好人。

怎样接近这样的好领导呢？工作反馈、积极反馈、问题反馈、主动接触、响应号召。

—— 15 ——

了解领导的真正需求

“客户需要什么就给他什么。”相信大家对这句话不陌生。现实生活中，其实很多人都是你的“客户”，比如你的领导。当然你的目的也可以是成为领导的“客户”，也就是成为领导心中不可或缺的人才。

先讲一个身边朋友的故事。

石老板是个地产商，一次带销售部小白去应酬。小白算是一个老实听话的办事人员。这一桌上有好几个朋友，以及朋友的朋友。其中有一个供应商的亲戚A，过来敬酒套近乎，说看上石老板的新楼盘，想买套房子，希望能给个优惠。

找石老板要优惠的人太多了，很多时候根本无法满足，但在酒桌上，当着众人的面，石老板没好意思推辞，就说：“没问题，这事儿你回头找小白给你办就行。”其实石老板这个说法只是一个委婉的推辞，他心想，回头你去找小白，小白也没那个权限啊。再来找他的话，他可以说，你看中的热门房型没了，只能改订其他房型。

第二天，石老板发现小白一天都不在。一问，小白说："老板，你昨天让我帮那个客户办的事，我去帮他办了呀。"石老板气急败坏地骂他："蠢货！酒桌上的话能当真吗？你有这个权限吗？亏的钱是你掏腰包吗？"

没多久，小白就被炒掉了。他是不是很冤？

其实细想，小白也不冤。小白心里只把客户当客户了，没把领导当"客户"。首先要真正了解的是那个决定他职业和报酬的"客户"。因为不了解客户，你顶多没订单，不了解你领导的需求，遇到问题直接就被炒掉了，是不是很不划算？

把领导当成你最重要的"客户"之一，仔细研究这位"客户"，分析、了解他的需求，因为很大程度上，领导的目标代表了公司的目标，领导的需求代表了你的工作要求。

了解客户，我们知道有一个词叫"用户画像"。

比如，男，44 岁，已婚，月收入 3 万元以上，爱美食，喜欢红酒配香烟。这就是一个简单的用户画像。

具体绘制方法是，通过触点（接触点）搜集信息，并进行标签化和量化管理。日积月累，便可形成清晰的用户画像。里面有三个重点：一是标签化；二是量化（权重）；三是多触点累积。

对于领导这位“客户”来说，我们也可以用这种方法来了解他：标签，表明了领导对某些行为、观念、做法的兴趣、偏好、需求等；权重，标识了领导的偏好程度，也代表了领导的需求度。这些都可以通过平时观察、侧面了解总结得出。

重点是了解领导的以下需求：

（1）他对员工有什么期待？

（2）他在业务上有什么需求？

（3）他对个人有什么要求？

了解了这些，你做的事情就不会偏离太远。你和领导保持一致，也意味着你有机会管理这个独特的“资源”，助力自己的职业提升。

接下来，我们就详细解释一下这三种需求的标签分别是什么。

领导对员工的期待

作为一个领导，首先他要是一个乐队指挥，充分发挥每个人的特长，共同完成一首协奏曲；同时他又要是一个教育者、训练家，把自己的每个下属都带上路；随着组织结构的扁平化，部分工作的模糊化，他还得是一个设计师，为每个下属规划工作。在这样不堪重负的情况下，一个成熟的下属，要做好自己领域里的各项工作，不让领导操心，从而让领导专心地去享受指挥的乐趣。但只有这样还是不够的，下属还要主动地去开拓自己的领域，找事情做，从而实现自我管理。这样不仅在执行，甚至在规划上，都彻底让领导对自己所负责的领域放心了，我们就不再是单纯的执行工具，而是为领导守住了一片阵地，为他建立了一个可以信赖的堡垒。

这里，我们为领导对员工的期待部分提供了三个参考标签，分别是执行、思考、忠诚。大部分领导对下属都会有以上三点期待，根据领导的风格不同，可能比重也有所不同。你也可以加入你观察到的领导比较重视的员工素质标签。

通过领导平时批评什么、鼓励什么，可以区分出哪种比重大，哪种比重相对小一点。

领导的业务需求

领导的业务需求，是综合考虑组织、部门、个人等多层次需求的结果。了解领导的业务需求，你需要仔细琢磨这个工作任务对领导意味着什么。

我们一起来看个例子。

陈丹是一个项目的负责人，严谨敬业，颇得部门领导的赏识，这一次却连吃两个大亏。快到年底了，整个部门的任务完成得很好，作为项目负责人，陈丹先斩后奏接下了一个新项目。她跟领导汇报工作的时候说："年底之前保证可以提前完成任务，新单子可以用赶进度挤出来的这些时间来完成，这样我们部门的绩效肯定是一流的了。"

这相当于是两桩任务，工作量很大。陈丹已经想好了怎么应对，大不了再加加班。她以为这下领导一定十分高兴，会在年终的时候重重表扬她。没想到领导并不高兴，轻描淡写地说："你做那么快有必要吗？要注意质量啊。"而当听到陈丹接了新项目时，领导甚至勃然大怒，"谁让你自作主张的？"陈丹很纳闷，超额完成任务，领导为什么反而生气？

大多数情况下，领导会因为你比预期提前完成任务而高兴，但有时候，你比预期更快地完成任务也可能招致领导不好的评价。这是为什么呢？

原因就在于你没有很好地了解领导的真正需求。

站在领导的角度，领导可能猜想，这么快就完成了项目，质量是不是降低了？今年自己为自己加码，勉强拿下更多任务，那明年部门整体的工作目标是不是要变得更高？

在这里，陈丹和她的领导对 KPI 的理解不同，需求也不一样。领导的时间观比较长，利益范围也不同。

所以，想要准确领会领导的意图，了解领导的真正需求，就必须站到与领导同样的高度和角度去思考问题，力求做到与领导同步思考甚至带有超前思维，而不能局限于自己的年龄和职务去考虑问题。把握事件的全局，围绕整体工作思路、中心工作、难点问题去领会领导意图，也就是要超越自己的职位去想领导要你做的事。

同样也给你三个标签做参考：质量、速度、数量。

当然，你依然可以根据实际情况增加一些领导可能注重的标签。

领导的个人要求

和你一样，领导一定也有自己的职业规划和“野心”以及职业竞争。领导面对的竞争可能比你面对的更为残酷，因此领导对个人的工作能力和团队结果都有自己的要求。

领导对个人的职业规划和未来目标，也会体现在他的工作日常中。领导最羡慕什么人？最羡慕什么公司？最常拿谁做榜样？经常批评什么？奖励什么？从这些地方可以了解到领导对自己、对团队的要求。对此我们给出的参考标签是：野心、责任、尊重。

你可以在日常观察中，为你的领导选出符合他的个人标签，并将此作为你的工作参考。

把领导当成你最重要的“客户”，仔细研究这位“客户”，通过标签化、量化权重和多触点累积，来绘制你的“客户画像”。重点是了解领导对员工有什么期待，在业务上有什么需求，对个人有什么要求。了解这些将有助于你准确地理解领导每一个指令背后的真实意图和需求，避免犯错误。你要记住，这些需求将是对你和工作的要求。

如果有一天，你开始对部门的重要工作这样建议：“我认为这个工作应该这样做，因为……”如果有一天，领导提醒你要注意某某问题，你回答“我已经查过了，情况是……”那么我们要恭喜你，因为你在工作深度上已经超过了领导，你同他一样也能成为一个思想者了。从此以后，你将不再仅仅是一名下属，你已经是所在领域的专家了，领导将与你讨论、协商解决问题的办法，你成了领导的合作者。对合作者领导是追求双赢的，因为你也有资源与他进行交换。这就是管理领导的最高境界。

16

用职业化保持适当的距离

我们前面提到了如何获得领导信任、怎样沟通、从心态上为自己的工作赋予意义，以及如何接近领导，并尝试了解领导的真正需求。所有这些都是在拉近你和领导的距离，但距离是否越近越好呢？真正职业化的态度是，与领导的关系要近，但同时也要保持适当的距离。

先讲个案例。

小丁在公司跟领导走得很近，关系很亲密，领导也经常给他关照。同事们都认为这是他向领导打小报告得到的回报。有一天，小丁家里发生了一件紧急的事需要他处理，但他手头上的企划案还没有完成，而那天又是最后的期限。他只好找同事帮忙，帮他把企划案的后半部分完成。同事却一本正经地对他说："我也想帮你，但我很忙啊。要不，你跟领导去讲讲让他宽限一天，或者看看领导能不能帮你完成。"

在公司里，员工跟领导过分亲近，会被认为是领导的人，从而被同事看作领导的心腹和安插在他们中间的间谍，进而招来同事的反感。另外，跟领导走得太近，就可能得到领导的关照，自然会引起同事的嫉妒，导致跟同事之间的关系紧张，从而失去同事的支持和帮助。

"密者疏之，疏者密之"是人际交往的重要心理法则，也是我们管理领导，用职业化与领导保持适当距离的一个重要法则。

人们都需要在自己的周围保有一个能掌控的独立空间，这个空间就像一个充满气的气球一样，如果两个气球靠得太近，互相挤压，最后的结果必然是爆炸。这也就是为什么两个本来关系密切的人，越是形影不离，闹到最后，反倒以互相揭短甚至撕破脸而收场。

和领导交往、合作的时候，既要尊重领导，又要保持适当的距离，既不可过远，也不可过近。那怎样才能保持一个适当的安全距离呢？

这里说的安全距离，是指不会引起领导反感，不会招致非议、误会、嫉妒，不上"贼船"的距离。哪怕你私下和领导的关系再好，也需要公私分明，不能将关系带入工作中。

在控制这个距离时，请你先问自己几个问题：你的领导属于哪种人？严肃的还是随和的？异性还是同性？和你有亲戚关系还是朋友关系？对方更倾向于什么样的交往距离？把你对领导的认知都写出来，相应设定你们之间的最佳距离，并在工作中努力保持。

与领导相处是一门学问，与同性领导太过接近容易引起同事的猜忌、嫉妒等。如果是与异性领导过从甚密，那就极有可能在背后被人指指点点。本来只是工作关系，却因为这样的事情而有口难辩啊！

第一种情况：领导是同性

美国人类学家爱德华·霍尔博士划分了四种距离。四种距离都与跟对方的关系相称，分别是众共距离、社交距离、个人距离、亲密距离。

亲密距离一般是心理距离上贴近，物理距离为 15 ~ 44 厘米，身体上的接触可能表现为手挽手，或者是促膝谈心。一般女领导和女下属有可能会形成这样的关系。如果女员工和女领导相处，在恰当的时刻，偶尔谈点自己的隐私，会拉近和女上司的距离。但同样的事情，换作男员工和男领导之间，却是大忌！对待同性的男领导，尽量少提及自己的隐私，否则不但得不到同情，还可能因为你的越界而引起反感。

和同性的领导走得太近，会滋长轻视，产生矛盾；有时会让领导被动、为难，甚至反感。你的同事会认为你是领导的“亲信”，你背后有“靠山”，于是见到你会三缄其口，因而你会逐渐被同事边缘化。当有人受到领导的批评，或者领导做了什么让大家不满意时，大家不敢把领导怎么样，但可能拿你出气。

俗话说同性相斥，你在工作和业务上尽职尽力，但不要让同性领导把你想象为潜在的对手。要懂得用适当的距离产生好感，不可与你的领导过分亲密，搞成称兄道弟的关系，更别做他家务事的参谋，否则极可能因为了解领导太多的秘密而处于尴尬的被动局面。

第二种情况：领导是异性

有一些职位，比如秘书、会计、业务员，经常需要和自己的异性领导走得很近，定期或者随时汇报自己的工作。不管出于什么样的理由，哪怕你们之间只是在谈工作，也要记住，尽量避免经常和异性领导独处。如果有一些特殊情况，需要你们长时间在一块儿工作，也要把办公室的门打开，把所有的灯都打开。不能对你的异性领导有任何亲昵的举动，不然会给别人留下关系暧昧的印象。

这里要强调的是，因为工作关系，你和领导必须这么近，而除掉工作，还是拉开距离的好。

如果异性领导总是想方设法在工作中制造单独相处的气氛，并且异于其他同事的频率次数，请小心了，可以委婉地告诉他你不太喜欢异性单独相处的气氛。异性公事出行、陪同出差是距离模糊的重灾区，请谨慎选择。

第三种情况：与领导有私交

也许你进公司是领导的熟人引荐，或者你根本就是领导的亲戚、朋友或者与领导本人有那么一层拐弯抹角的关系。在这层关系下，你与领导在公司里又该如何相处呢？

如果交往过密，存在私交，相互间没有制约，在涉及与利益相关的问题时，就会不自觉地受感情的牵制和影响，甚至以“铁哥们儿”相待。

这种情况下，首先要认清自己的定位。在职场中，要分清层级关系，领导就是领导，私交不代表能改变层级关系。另外，你要主动把自己的姿态压低，甚至比其他员工的姿态还要谦逊。在工作时间，对领导的决定要表示支持，私下可以多提出合理化建议。当然，有其他员工在场时，对领导要尤其尊重。最重要的是，和领导保持距离，坦诚地把工作和生活中的关系厘清。

人与人之间需要保持一定的空间距离，即使最亲密的两个人也是一样。在职场中，不仅要跟领导搞好关系，更要注意保持距离。跟领导走得太近，很可能是灾难的开始。下属在与领导之间的距离、角色定位、处事原则、工作状态及语言表达等方面都要做到适度，不宜走得太近，也不宜过于疏远。要尊重领导的地位，维护领导的威信，从内心里敬重领导；要为领导补台，尽力协助领导做好工作。与领导的交往保持适当的距离，如果过于亲密，彼此之间易暴露自己的缺点，容易产生分歧、不认同感；不能过多关注领导的私事，更不能与领导产生情感纠葛。

与领导保持适当距离，有利于上下级间按职责履行权利和义务，便于上级及时纠正下级的缺点错误，便于下级自觉以规章制度来规范自己的行为，避免人为地把人际交往搞得过于复杂。

对待身边的领导，应保持等距离交往，不偏不倚，不远不近，不亲不疏，不卑不亢，不盲目建立超乎工作的友谊。按同性领导、异性领导、与领导有私交等多种情况，保持特定的关系纽带，根据关系的深浅度进行距离的调节以达到平衡。这样有利于工作，也可保护自己，避免受到伤害。

—— 17 ——

让领导轻松，让自己自由

再来看一个职场故事。

小梅进A公司多年也没升迁，现在看到领导很看重新来的小李，心里很不是滋味。有一天，她忍不住找领导理论，为何要厚此薄彼。领导说自己很忙，没有时间和小梅详谈，但顺手交给小梅一个任务，让她和一家客户公司联系一下，问问对方什么时候来A公司考察。小梅接了这个任务，觉得实在太容易了，不一会儿就去找领导汇报，说联系过客户了，知道他们是下周来公司。领导追问了一下，是下周几？来几个人？坐火车还是飞机来？小梅傻眼了，说这些领导没有交代我问呀。领导叹了口气，把小李叫了进来，布置了同样的任务。过了20分钟，小李进来了。当着小梅的面，小李向领导汇报，“客户一行五人下周二乘飞机来我们公司，大约是下午3点到机场，由对方采购部的陈经理带队，计划考察两天，行程等到了再商议。我跟他们说了会派车去机场接机。为了工作方便，我建议将他们安置在公司附近的国际酒店，如果您觉得可以，我马上去预订房间……”等小李汇报完出去后，领导笑眯眯地问小梅有什么看法。小梅恍然大悟。

能力的差距直接影响办事的效率，领导肯定更倾向于工作积极主动的员工。这样的员工往往不是被动地等待安排，而是主动出击，知道自己该做什么，并全力以赴。只有团队中培养出更多这样的员工，领导才能被真正解放。

你把领导从具体事务中解放出来，他就会去关注真正重要的战略问题。而对于具体管理事务，怎么做、什么时候做、做到什么程度、怎样达到等等，因为领导对你的信任而放权于你，你可以在较少干扰下自由发挥。这种工作模式，才是你职业能力的真正训练机会。

具体可以从以下几个方面着手。

获得领导信任

一个成功的领导身边，总有一两个办事出色、责任感超强的下属。

他们懂得替领导分忧，是领导倚重和信任的人。领导把任务交给这样的下属，心里有着落，感觉放心、省心、轻松。你是这样的人吗？你能把自己培养成为这样的人吗？

学会换位思考

让自己站在接近领导所站的高度，拥有和领导同样开阔的眼界，你才能做到：领导想到什么，你也就想到什么；领导看到什么，你也就能看到什么。这样领导和你的沟通就轻松多了，他一说你就懂，不用解释你就能明白其用意。

高效时间管理

与其抱怨工作困难，不如主动承担起组织者的角色，了解领导的弱点，并以自己的优势与其进行互补，使自己成为领导不可或缺的得力助手。作为下属，你要懂得管理领导的时间——主动地要求他们在日程表上匀出“为你服务”的时间，或者“见缝插针”地办完你要签的文件，提醒他各种预约，并跟进他忘记的事项。这样做不仅能赢得领导的信任，还能成为团队中最有价值的成员。

独立解决问题

有自信、有能力、有人缘，这是能独立解决问题的员工的共性。领导的信任是有条件的，给了你多少空间，就要拿出多少成绩。工作中耗费的精力和时间最终要转化成纸面上的业绩数字。你需要培养更全能、更全面的工作能力，做好自己，能够独当一面，成为领导的左膀右臂，让他离不开你。你做的事情越多，效率越高，取得的结果越好，领导就越离不开你。

积极的学习态度

正因为人才是团队中最宝贵的资源，所以领导更青睐积极上进、不断努力提高自身素质的员工。保持不断学习、提高专业技能的积极态度，时刻惦记抽空为自己“充电”，领导很快会发现你的优点：做事高效，有上进心。通过不断“充电”，知己知彼，随时掌握本行业与其他同行的资料，你不但更加自信，更有竞争意识，也有更强大的动力去处理实际问题，给予领导足够的安全感。领导会觉得有人在帮他分担压力和烦恼，也更倾向于调拨资源，给你更多的成长机会。

让领导进步

领导所兼顾的事情比较多，所思考的事情比较杂，很多事情做不到面面俱到，也不会思虑得非常周全。这种不俱到、不周全，也就是你的机会。一旦发现领导的思虑不周全，及时给领导以提醒，让领导感知到你在工作方面的尽心，让领导感觉到你在为他考虑。

领导的进步，也是一个公司、一个部门的进步，是全员的进步。

如果你能保持更敏锐、更宽广的职业嗅觉，能针对自己的工作和业务，主动向领导提出改善计划，帮助领导进步，那么他进步了，提升了，才有你进步和提升的空间。只要让公司、领导需要你，你自然就是不可或缺并且不可替代的那一个。

领导的轻松依赖于你强大的责任心和工作能力，你的自由得益于工作中的自立能力。从最开始的“用得上”，到之后的“信得过”，到最后的“离不开”，你已经成为领导心目中不可替代的一部分，有对领导说“不”的自由。你能为领导排忧解难，解决他棘手的难题，帮助他更好地工作，能够做到让领导轻松，也就意味着你从某种程度上征服了领导，在管理领导这件事上取得了阶段性成果。

学会管理领导，需要做好几件事：在领导眼中的你是一个值得信赖的人，你能够换位思考，管理领导的时间，你能够独立解决问题，也能通过学习掌握最先进的行业资讯，还能够帮助领导进步，成为不可替代的那一个人，让领导轻松、自己自由。

你的每一份努力都不会白费。只要你像领导一样思考，像领导一样行动，像领导那样执着，像领导那样奉献，你就具备了领导的心态，你就会去考虑组织的成长，考虑组织的费用，你知道什么是自己应该去做的，什么是自己不应该做的。尽管你现在不是领导，但你已具备了领导的素质和能力，相信不久你也会成为一名真正的领导。

18

获得领导信任的八种方法

不管是哪一种类型的领导，你想让领导成为你的资源，前提条件就是要和领导建立基本的信任关系。信任需要培养，需要深化，需要经历一些事情。当然，彼此信任，必然需要一些方法。

这里为你总结了获得领导信任的八种方法，这些方法可用于日常工作中的点点滴滴，而且立竿见影，不妨马上用起来！

增进了解

心理学家指出，“被了解”是人的一项基本需求。领导也是一个正常的人，你对领导越了解，领导越了解你，这样就可以迅速开启信任的大门。

前面的章节中我们提到，了解领导，包括了解他的目标与压力，了解他的优缺点、管理风格和工作方法，甚至一些个人经历，等等。当然，不能本末倒置，打听太多私人信息，被人误以为你是“八卦小能手”，结果会适得其反。作为有心人，你可以从平时工作的观察和聆听中搜集这些信息。

假如你到了一个新公司，除了适应环境，必须尽快建立与领导的信任关系。多主动沟通，了解领导的相关信息。同时，也不妨通过多种方式，展示自己的特点和好的一面，比如朋友圈发布的信息，甚至个人博客、作品、文章等，开通更多让领导了解你的渠道。

如果你的公司来了一位新领导呢？新上任的领导，开始的时候对公司的情况不太了解，这也是你和领导建立信任的最佳时机。以真诚的态度，协助领导快速了解公司的情况，同时也让领导了解你。

执行到位

工作有四个层次，做、做完、做对、做好，层层递进。

领导布置的任务，做没做完很容易判断，但做对和做好没那么简单。

把工作做到位、做好，体现的是你的敬业精神、钻研精神和职业素养。任何一个下属，只有在工作中表现出能力，完全胜任自己的职位，成为领导心中“靠谱”的员工，才是赢得领导信任的基础。

而如果能够做到令人满意，甚至超出领导预期，那么领导也更愿意放心地将重任交与你，与你进行更深层次的业务合作。这也意味着产生了深层次的信任。

及时汇报

及时汇报工作进度对你来说也非常重要，这是一种职业态度。即便领导没有特别要求，但你的及时汇报，不但能让领导知道你的工作进展情况，了解你在工作中的问题，还能让领导消除不确定感，增加你们关系的心理安全感和信任度。

这个步骤可明显增强领导对你的信任，通常会伴随着一系列授权，有可能让你接受更大的工作挑战，这将提升你的职业发展速度。

大力支持

不管你的领导的德行如何，有没有组织能力，也不管你内心对领导服不服气，他在职场上的位置决定了你们的关系。工作上，你要服从领导的安排调遣，支持他的决定，尽职尽责做好手头的工作。

事实上，领导用人时不仅仅看重个人能力，还看重个人品质和可信赖度。你可以通过维护领导的立场和权威，让领导切身感受到你对他的信任，很快你也能感受到领导对你的回应。

接受批评

对于领导的批评，要正确对待，首先问自己几个问题：是工作中哪里不对？为什么会被批评？以什么态度对待批评？如何才能不再犯类似的错误？如果是因为缺少与领导的沟通而被领导误会，也要针对性地查找原因，积极寻找解决办法。

一个聪明的下属是经得起压力和批评，知道如何调节情绪，快乐地工作的。如果你在受到领导批评后还能一如既往地努力工作，甚至更加努力，你的领导一定对你刮目相看，也会逐渐生出爱才之心。所以在职场中，受到领导批评也可能变成一个表现的机会，只要你做得有智慧，同样会增进领导的信任。

解决难题

没有什么比在工作中表现优异更能赢得领导的信任了。你对工作的胜任，你所表现出来的技术和专业能力、对商业的敏感程度、对形势和决策的预判，无疑都是你的加分项。为领导分忧，解决困扰他的难题，帮助领导提高效率，弥补领导的不足，他一定会感激并且更加信任你。

其实满足一个人的需求，首先要学会挖掘他的痛点。说白了，就是领导急于解决哪些问题，或者是哪些问题领导不方便出面去解决，你想办法把它给解决掉，很多事情就迎刃而解了。

当然，还有一些方法或者捷径，比如替领导处理一些他交代的私事，但要注意替领导保守秘密。还有多承担责任，甚至偶尔替领导背些力所能及的黑锅，也是快速获得领导信任的途径。当然这两条需要慎用，有时处理不好会适得其反。

坚持原则

原则就是你做事坚守的准则。你是企业的员工，你就应该遵循企业的原则和职业道德规范。比如，超过我管辖范围的我绝对不签字，超过我职责范围内的行为我绝对不做，任何危害组织利益的事情我都不会参与，任何有损领导形象的事情我都会杜绝。

当面对诱惑时，你守住了你的原则，你也就成就了自己，你个人就会形成品牌效应。不光是在你所服务的公司，以后不管你去哪里，别人都会对你保持持久的信任。

主动改进

如果把信任比作一个账户，我们每一次犯错，都会在我们的信任账户上扣除金额。不断“取款”的行为会严重降低领导对我们的信任度，所以我们要多多“存款”，以更多正向的行为维持信任的良好状态。存多取少，你和领导之间就会形成强链接。

当你积累了足够多的信任时，有时偶尔的错误也会被原谅。

总之，和领导建立信任关系，就像跳双人舞，如果动作协调，配合默契，加上时间这个因素，信任就在不知不觉中积累起来。

第四章

七种典型领导的管理方法

七种典型领导，其实可以按一个简单的类型划分。现实生活中，很有可能你的领导具备两种或两种以上的混合风格。我们可以更多地着眼于自己的职业目标，看领导，多看对方的优点，规避和控制对方的缺点给自己带来的影响。要勇于变换思路，走出现状，绕过困境，把一场上下级的缘分视为职场修炼的必经之路。

—— 19 ——

遇到的领导是整人高手，你该怎么办

先讲一个学员提供的案例。

A公司春节放假前，按照惯例，部门领导会给每人发一个年终红包。大家开开心心按通知去领导办公室领红包，张斌也很期待。等到其他人都拿到红包之后，大家认为该轮到张斌了，结果领导拿出一本书看了起来，仿佛忘记了还有一个员工没发。

张斌又不敢上前去问，这件事折磨了他很久。

再后来，他发现，领导不是不小心忘记了，而是故意整他的。

因为他亲耳听到，在一次部门聚餐上，领导喝多了，在那里说大话："我不怕谁不听话。不论什么人，只要不听话，我都有办法收拾他！"

职场中的领导有什么权力？人事权、财权、奖惩权。这些是组织赋予的权力，领导可以在制度内使用，比如扣工资、降职位、调工作，那可都是职责范围内的整人手法。

还有些领导属于整人高手，一不扣钱，二不批评，玩一些职场"宫斗戏"，稍不留神就给你一个心灵惩罚和思想煎熬。倘若当面质问，领导会拿出一番无法辩驳的说辞，让你有苦说不出。这种心灵的煎熬比罚款还要难受。

这种领导方式跟性格有关。我们无法保证一辈子不遇到这样小肚鸡肠的领导，但要了解一旦遇上了，要怎么识别和应对。

我们先来看看，爱整人的领导通常有哪些先兆信息，比较典型的有以下三种。

故意和你拉开距离

在日常的工作过程中，当领导对你有意见的时候，他不表达出来，却故意和你拉开距离，疏远你。以前喜欢找你商量事情，现在慢慢地找其他员工商量了；以前动不动还让你外出小聚一下，现在慢慢变得没有了。如果你想找他谈，他还会来一句"我现在忙，等有时间我找你”，结果一等就没了音信。

故意对你视而不见

这种整人手段与上面的一种手段不相上下。当领导记恨你的时候，当领导故意整你的时候，他往往会对你视而不见，看到你就如同空气一般。你去领导办公室请示，他会故意找各种借口、各种理由，各种事情忙个不停，一句话就是：不搭理你。结果你站也不是，坐也不是，最后只能自己没趣地离开。日常的工作例会上，本是该你发言的，可轮到你的时候，领导突然宣布会议到此结束。先不说你准备的工作报告还没有说，更重要的是，大家齐刷刷的眼神看得你难受，看得你憋屈。一句话：你被彻底地忽视了。

故意忘记你

就像前面案例中张斌的领导那样，轮到一些好事儿，就把你忘了。比如部门聚餐，喊一圈，唯独不叫你，见面也装作没看见，你主动打招呼，他表示没注意到你，等等。在各种细节上让你深刻体会到，他可以用“忽视”“忘记”来打击你。

除了上面我们讲的比较高阶的擅长心灵惩罚类型的领导，我们还有可能遇到真正会出损招整人的领导，比如故意找碴儿，分配给你完成不了的工作，快下班了才交代紧急的工作，出问题让你背锅，等等。这些整人的办法，都是故意刁难自己不喜欢的员工，给他们穿小鞋，背后捅刀子，属于道德层面的碰撞。

其实领导整人，可能是为了完成某个工作中的诉求，也可能是满足自己的私心，但从员工的角度来看，就是被损、被欺负的行为表现。如果不懂得预防，就很难保证在工作中不被这一类领导“收拾”。所以，当大家在职场中再遇到爱出损招整人的领导，你就不能按套路出牌了，得来点硬的。

如果遇到这样的领导、类似状况，我们应该为此做点什么呢?

这里提供七种方法来应对，这七种方法是有顺序的，一定要一项一项地使用。当前面的方法效果不明显时，才改用下一个。

与自己对话

无论遇到什么事、什么人、什么困难，首先要学会调整自己的情绪，找到你的内在平衡。

你可以尝试这样与自己对话：

“我和他仅仅是工作上的关系，我没必要往心里去，因为除非我愿意，否则没有人能夺走我的自尊。”

“领导对我的认知，不代表真实的我，也不代表全部的我，只代表他个人的看法而已，我没必要为此而感到羞愧或者内疚。”

“即便领导不喜欢我，也不代表我没能力，不代表我人不好。”

“任何关系都是双向的，我也能为此做点什么？”

找出原因，主动交流

先要搞清楚是什么原因导致领导喜欢整人。你必定要从日常工作的蛛丝马迹中找出这个原因，才能着手改变。就算一时找不到原因，也可以找机会对领导坦诚地说出心中疑虑，请他解释针对你的理由。找到原因之后，跟领导多交流，保持谦虚的姿态，或许很多误会在你努力之下得以化解。

做好本职工作

绩效是我们在职场生存的根本。只有提高自身的核心竞争力，才能用实力说话，至少可以达到“我就喜欢看你看不惯我又干不掉我的样子”的境界。其实领导也是明白人：谁一定要去得罪自己部门最优秀的那个人呢？除非，你对他的利益或权力产生了极大的威胁。如果那样的话，相信你完全有更多的选择自由。

多主动汇报来免责

职场中，一些领导会说，按你说的做，不必事事汇报。外表看似对你信赖有加，实则放纵你出错，落得口实。这样的话不要轻易相信。该汇报的要汇报，必要时要让领导签字。否则，能做好也就罢了，稍有不对就可能被抓住痛脚。

正面对抗

有的人就是欺软怕硬，领导也是人，不排除出现这种情况。如果你是公司中最老实的那个，没有自己的立场，凡事都比较被动，领导心里面自然会轻视你一些。当涉及利益冲突的时候，领导也会首先牺牲你的利益。这个时候，你必须强硬起来，用有理有据的方式，维护好自己应有的尊严。

向高层举报

没有什么权力的人，容易受到有权力的人的欺压。

但至少领导还有他的上级，我们也可以借用权力来保护自己。

这一招虽然不能轻易动用，但对于无法沟通的领导，不妨注意搜集相关证据，通过上级领导之手，收敛他“整人”的恶习。

保持距离

如果遇到的某个领导一直都喜欢无底线整人，作为下属，有的时候只能选择避其锋芒。工作上不可避免地碰到，礼貌性地微笑回应就好。

有本事的人不一定有同样高的道德修养。但你要相信，丢掉道德感束缚的人，迟早会被其他东西所束缚。

总结一下，我们针对爱整人的领导，分析了他们整人的动机，包括性格问题、利益威胁、权力威胁以及下属表现懦弱等。遇到这种情况，我们至少有七种方法来应对：通过与自己对话，平复情绪；尽力找出原因与领导主动交流；一定要先做好本职工作；主动汇报以求免责；采用正面对抗、向高层举报的激烈方式；和这样的人保持距离也不失为一个策略。

20

遇到“老好人型”领导，你该怎么办

有这么一个职场故事。

田欣在做销售的时候遇到这么一件事。一次，她的领导组织A、B、C三组展开销售竞赛，夺冠的一组会得到大额奖金和当季最新款的手机。田欣所在的A组玩命上阵，最终力克群雄获得了销售冠军。谁知事后领导觉得所有好处都被田欣这一组拿了，怕另外两组的员工心理不平衡，因为他们离达标业绩也不远。于是这个领导临时拍脑袋决定，另两组员工每人也奖励同样的手机。得知此事后，田欣这一组的员工集体来到领导的办公室，将手机拿出来排成一排放在领导面前，然后无声而退。

显然，这个领导的做法有问题，看似能让另外两组心理平衡一些，然而他似乎忘记了，破坏最初制定规则的平衡，对于那些努力付出的人是一种伤害。

遇到特别爱讲人际关系和谐、高唱“人性化”、随和但缺乏原则的“老好人”领导，我们到底如何管理？

表面上，这样的领导善于处世，左右逢源，谁也不得罪。实际上，这种“老好人”领导不分是非，不讲原则，常常遇见问题不吭声，开展批评不较真，热衷于你好我好大家好，还处处以“无害人之心、有结交之忧”自美。

通常，中层领导里容易出现这样的“老好人”作风的领导。

他们的做事风格表现在以下几个方面。

（1）做事瞻前顾后，甚至只做表面文章，敷衍应付。

（2）喜欢用人情，不喜欢用制度。该管的不管，该批评的不批评，总顾忌情面，目的是保持一团和气。喜欢把精力放在同下属的感情交流上，而不是工作上。

（3）遇到矛盾就向上级汇报，千方百计回避，推卸责任，自己当好人。

（4）对“特殊人”不会管，不敢管。

这样的“老好人”领导有一个共同点：口碑人缘不错，遇到民意测评，得分很高。

“老好人”与真正的好人动机不同。

老好人领导的个性背后的动机是，稳住自身位置，天下太平，无功无过。

在这样的领导手下做事，看起来团队氛围舒适，但不利于团队和个人的发展与进步，因为积极性没有了。对于老好人类型的领导来说，他们往往只顾眼前，看不清未来，在关键时刻顶不住，把感情和事情搅在一起，缺乏坚定的信念和意志力，难以做出正确的决策。

万一你遇到了这种“老好人”类型的领导，除了愤愤然一走了之，还能做点什么呢?

根据“老好人”领导的心态，我们可以从以下几方面进行主动管理。

选准时机主动与领导沟通

你可以向领导主动“进言”，寻求改变。

在选准时机与领导沟通之前，你需要收集因坏习惯、坏风气导致的团队士气低落、阻碍企业发展等现象的数据及证据，以便在与领导沟通的时候增强说服力。

与领导沟通时，首先需要肯定他的宽容体贴是一种良好的企业文化，之后就需要分析此文化对企业发展的利弊，以及如何将这种宽容体贴运用得当，以便更好地促进企业的发展。

站在自己的角度告诉领导员工的感受。注意只讲感受，而且不只代表你一个人的感受，因为这样的领导通常非常注重别人的情绪反馈。

比如，在开头那个案例中，田欣可以私下找领导说，自己组的员工因为领导临时的变动，对这个奖励感到很失望。虽然奖励拿到了，但人感觉很泄气。如果规则是随时可变的，其他组的人认为以后不拿第一也没太大关系，这个比赛的设立就失去了意义。即便认为这个奖惩规则有不合理之处，也要执行后，下次再来调整。只有奖惩分明的措施和制度，才能调动团队的积极性，让大家更加尊重制度和规则。

以各种方式，“教”领导一些东西

这个教，当然不是你当着领导的面，像个老师一样去指点着教领导些什么，而是通过不经意的角度，提供给领导一些好的资讯、信息和管理方法。

一般，公司里面有很多内部培训、会议分享的机会，你可以写一篇好的学习笔记，或者分享一些工作行动理念，针对坚持原则、赏罚分明的建议，只要深度、视角到位，都会让领导刮目相看。同时，领导也能从你独到的分析里，掌握足够的信息，影响和帮助自己做出正确的决策。

不过这种事，肯定要付出额外的精力和时间，但这跟员工培训是一个道理——只不过你培训的是更重要、更有价值的人。即便这些方法没有起到效果，至少你会因此受益。所谓教学相长，在任何时候都适用。

利用领导瞻前顾后的特点，主动做出决策和成绩，倒逼领导作出决定

老好人的一大特点就是，爱取悦他人，害怕冲突，也会向潜在的社交压力屈服。这也是老好人领导不敢管那些特殊员工的原因——不想惹麻烦。他们也不大会拒绝别人，对冲突往往唯恐避之不及。但这些都不能解决问题，反而会引发更大的问题。

因此，你可以尝试主动“麻烦”领导或找些麻烦，比如主动帮领导处理一些麻烦事。当然，这里的麻烦都是一些小的麻烦事，让领导习惯于接受小冲突、小争论，只要结果是好的，领导通常会逐渐适应。甚至你可以成为领导心中可以“依赖”的人。因为他不想做坏人，你可以成为一个成功的“互补”角色。在整个过程中，我们要始终以“获取整体利益最大化”以及“提升自我能力”为目标。

总之，对于老好人领导，我们要看清其背后的动机：稳住自身位置，天下太平，无功无过。

如果你遇到了这种“老好人”类型的领导，除了愤愤然一走了之，还可以就此寻找管理领导、提升自我能力的机会，选准时机主动与领导沟通，谈感受、谈要求，主动影响领导。然后以各种方式，“教”领导一些东西。通过会议记录、学习报告、信息整理等方式，提供管理方法给领导做参考。利用领导瞻前顾后的特点，主动做出决策和成绩，倒逼领导做出决定。

21

遇到暴脾气的领导，你该怎么办

小林就遇到过这样的领导。领导脾气暴躁，出口伤人，动不动就拍桌子、丢文件，甚至还会当着其他同事的面痛批下属，毫不留情。

每个和他打交道的员工，都期待着看他的笑话，等他出丑。可偏偏这位领导工作能力特别强，动摇他的位置几乎是不可能的。

小林面对这样一位领导常常感到压力很大，而且一旦被骂，就有种被侮辱的感觉。他说，大家感到“压力山大”，不知道什么时候，一不小心就被骂得狗血喷头，现在每天上班都胆战心惊。

其实，每个员工都希望遇到一位谆谆善诱、春风化雨般的领导，能够和他们平等、顺畅地交流的领导。但奇怪的是，现在好像“暴脾气”领导越来越多，并且非常出名。

富士康的创始人郭台铭、联想的前总裁柳传志、万科的创始人王石，国外的有比尔·盖茨、埃隆·马斯克、乔布斯、杰夫·贝索斯……这个暴脾气领导的名单可以列得很长。

这是个十分有趣的现象。

身边的人很痛苦，他们却依仗出色的成绩，为自己的暴脾气赢得了光环，甚至还拥有一大批追随者。

客观上，这些脾气暴躁、对待下属很凶的领导，却给组织带来了好的业绩，甚至培养出了优秀的团队。

由此看来，暴躁也许只是领导的一种个性化相处方式。

甚至有一种推测说，这类领导的智商很高，我们平常所说的高情商对他们来说“不需要”。是的，你没听错，他们认为不需要。因为他们的经验往往是，简单粗暴最有效率。

由此看来，骂员工、发脾气，是他们“提高执行效率”的一种手段。

仔细分析一下你就会明白，“暴脾气”给他们带来的好处多过坏处。

（1）从管理层面来看，领导的“暴脾气”会对员工起到震慑的作用。从员工角度而言，不害怕，意味着不在乎；不在乎，意味着没有全身心投入。所以领导通过“发脾气”来激起员工的恐惧也算合情合理。暴脾气搭配上非凡的能力和个人魅力，这才是吸引优秀人才纷纷投靠和追随的原因，甚至某些领导的暴脾气也成了“个性”的一部分：他们有更与众不同的思维模式，敢于打破常规的限制，突破习惯的桎梏和传统的束缚。

（2）与商业领袖的个性化管理不同，有些领导者是想通过大发雷霆来达到提高执行力的目的，试图以咄咄逼人的态度来产生威慑力，从而达到教训员工的目的。

管理级别越高，事情越多，方方面面都要快速决策，领导又不是神，下属汇报不清不楚就会生气，这么干久了，再好的脾气也会变坏。难怪有时领导脾气与他的级别成正比，级别越高，脾气越大。

很多事情下属没办好，领导就会想：是不是有意夸大难度想偷懒？或者为了推卸责任？不行，我骂他两句，他回去说不定就把事办了。事实上，多骂两句，往往真能促使下属把事给办了，这也助长了暴脾气领导的“嚣张”气焰。

当然也有办不了的时候，领导就会想：看来是真办不到，不行让点步，动用资源出面解决了吧，请人帮他们收拾残局。就是这样，脾气大可以提高办事效率，激发下属工作热情，还可以试探下属的心理底线，一举多得啊。

（3）职场中人都不容易，领导有时候压力也很大，也需要及时调整自己的情绪。某些领导的暴脾气可能是他内心排解压力的需要，比如自己的事业或者家庭遇上某些不太顺心的事之类。你会觉得这样的领导仗势欺人，对己对人都很苛刻、不近人情，实际上，他的暴怒可能不是冲着你来的。比如，他刚刚从上级领导那儿回来，被上级领导批了一顿，或者家里有什么不愉快的事，等等，作为下属的你不幸被当作迁怒发泄的对象。

无论什么原因，下属对这种领导通常“爱恨交加”。那么该怎样应对领导的“暴脾气”呢？

方法一：学会把事情和情绪分开

每个人内心都是渴望获得肯定和认同的。我们之所以被领导的脾气给毁了情绪，是因为我们潜意识里把“领导批评我这件事没做好”

等同于“领导否认我这个人”。当然，并不排除领导口头有类似攻击的语言。

无论对方的情绪如何影响你，首先要学会的就是，事情有对有错，做法有好有坏，但我可以把事情做得更好。

领导在这件事上发了火，你依然可以用“温和而有力”的口吻坚持自己认为对的事，接受对那些没做好的事的批评。

心里默念，工作就是工作。你的目的是通过工作能力的提升，帮助自我提升。

方法二：转移注意力

有的领导发脾气是性格使然。天生的急性子，一点就着，脾气说来就来，发完一通火就完事。这种领导不会拐弯抹角，容易得罪人，但没有坏心眼儿，属于性格相对单纯的暴脾气领导。脾气上来不管不顾，也是为了坚持自己的原则和底线。那些坚持底线的企业家有时候甚至还会有一点偏执。

对于这种性格相对单纯的暴脾气领导，不要当面顶撞，激化矛盾，可以转移话题或者暂时离开。比如，领导因为某件事发了一通脾气，你就利用合适的机会转移话题，把他的注意力吸引到让他高兴一点的事上。说不定谈到让他兴奋的事，就会忘了刚才为什么生气。如果他一时半会儿还很难平复心情，你就找个理由或者推说有其他重要的工作要做，暂时离开，避免冲突激化——懂得避让，也是一种人生的智慧。

方法三：适度的体谅关怀

有的领导发脾气是心情问题。或许他最近遇上了什么烦心的事，家庭的、工作的，一般都是比较重大的事，憋在心里无处可说，容易急躁上火，使整个人的性情发生了变化。也可能领导有什么不能说的苦衷，你要学会判断，他发火很有可能不是对你，而是因为其他的事情。

对待这种心态欠平和、情绪经常难以控制的领导，你可以尝试做一个聆听者，学会倾听，平静柔和地对待他，这有助于不被情绪影响心情和工作。

方法四：及时沟通

很多脾气暴躁的领导，一般行动都比较果断，而且工作节奏相当紧凑，最不喜欢拖拖拉拉。如果有事迟迟不敢与他沟通，等着他来问，估计只能等到一顿批了。在与你的领导沟通工作时，要提前做好充分的准备，问这个不清楚，问那个不了解，别说脾气暴躁的上司了，就是脾气不暴躁的也免不了想发脾气。

方法五：适当示弱

在领导发脾气时，要学会适当示弱，或许会有出其不意的效果，如不辩解，不找借口，直接道歉认错，询问正确方法，等等。

一般，脾气再不好的领导，等坐到一定的位置，也会不断地自我修炼。越是位置高的领导，越会慢慢控制自己的情绪。比如柳传志后来意识到脾气火暴的坏处，就开始改变风格了。

当然说了这么多，并非要求你一定要容忍这样的领导。一切的前提是，你能从这份工作中、这个团队中、这个领导身上学到东西，收获知识，获得成长。否则，没有收获的付出是毫无意义的委曲求全。

有些领导的暴脾气只是一种个性化的管理方式，有些则是希望提高执行力或者排解情绪问题。你要看清问题所在，区别对待。应对的方式包括学会把事情和情绪分开、转移注意力、体谅关怀、及时沟通、适当示弱等等。这些方法可以灵活运用，目的是避开领导的锋芒，获得个人长足的进步。

—— 22 ——

遇到强势领导该怎么办

其实还有一种比暴脾气更可怕的领导，他们是仗势欺人、滥用职权的“恶霸”，那么遇到这种恶霸领导怎么办呢?

一般的“暴脾气”领导，往往刀子嘴豆腐心，与这样的领导合作，最多是挨骂多了一些。而脾气暴躁的恶霸型领导，可就难对付多了。暴脾气领导把杯子扔在地上，恶霸领导可能会把杯子扔到你身上。

小兰大学毕业进入公司刚刚工作两个月，领导就变成了她的噩梦。领导总是对她做的事情吹毛求疵，冷嘲热讽，经常当众贬低她："我真不敢相信你又犯了这个愚蠢的错误。"而且几乎每周都失控一次，对小兰和其他同事进行人身攻击。小兰还发现领导有另外一个毛病：利用职权隐瞒信息。比如，他经常在一项工作任务的最后关头压缩他们的时间，导致他们无法弥补失去的时间。之后，领导就会向上级抱怨他们如何"懒散"，而那些高层好像都觉得他神通广大。小兰很希望做好自己的第一份工作，在这家公司获得成功，但遇到这样的领导，她不知道还能忍受多久。

听起来，小兰的领导是典型的"职场恶霸"。所谓"职场恶霸"，是指不断对别人进行"言语虐待、威胁、恐吓或侮辱"的人，并且会"暗中破坏工作进度"，比如他们会突然改变某项工作的截止时间，等等。那些最差劲的恶霸领导，还会冲着员工大呼小叫、出口伤人，或威胁下属，造成职场的欺压和霸凌。

如果你是小兰，你该怎么做呢？

当下的反应，首先，你可以放低姿态，冷静处理。

一个人受到训斥、责骂之类的攻击时很容易建立一个防御姿态。

如果你想要在这家公司里好好工作且有一番作为，有一个安全的策略是放低姿态，并尽量离恶霸领导远一点，待在安全地带。尤其是有其他人在场时，恶霸领导发起攻击的可能性就会降低。把你的工作做好，不惜任何代价避免正面冲突。

其次，冷静应对。在被欺负或发生正面冲突的情况下，尽量找借口离开。不过别匆忙撤退，告诉恶霸领导你有约会要迟到了，或者借口要去洗手间，等等。倘若恶霸领导攻击你的话，试着分散他的注意力，找点什么东西，比如一些重要文件，或者写着需要回的电话的号码的便笺。有时，简单地分散注意力足以让他停止。

恶霸型领导很容易识别。但即使识别出来，有时候也并非能够说走就走，有必要做些事前准备。

（1）多花心思。像对待工作项目一样对待你的恶霸领导。再小的事件也要成文存档，它们经常是最重要的证据，表明欺负员工是恶霸领导的一种经常性行为，不然就很难说明白这个问题。取笑你、讽刺你、忽视你或者批评你，公开地给你脸色或者不搭理你等，这些统统算数。怎么行动，怎么表现，如何存档相关文件和制定战略，都得有方法。出了事情通过笔记记下来。试着保持冷静，即使他试图让你向相反的方向思考问题。记住，有严重的个人和职业问题的是恶霸领导，而不是你。

（2）扩大人脉。请立即开始搜寻任何不和这个领导在同一部门的机会，尽量在自己希望工作的领域扩大人脉，并留意任何工作的机会。只要知道你不会永远为这个领导工作，忍受他的恶霸行为就变得轻松多了。

（3）建立社交圈。将你的遭遇告诉同事，从周围同事那里寻求支持，他们是否看到你被领导欺负？如果答案是肯定的，那么当你将来为此投诉甚至是提起诉讼时，他们就是最好的人证。其他同事是否也受到过恶霸领导的欺负？如果你了解到自己并不是唯一的受害者，就可以团结集体的力量解决问题。在办公室里建立起能支持和慰藉你的社交圈。找到愿意帮助你反抗恶霸领导的同事是一个不错的开端，之后你还可以再进一步——联合办公室里的其他同事，形成一股积极的力量，同时在工作时间之外尽可能地和他们成为朋友。

（4）越级投诉。必要的话可以越级向上投诉。如果领导的恶霸行为仍在持续，你可以按照公司章程将情况反映升级为问题投诉。我们建议你先联系人事部，请他们提供应对此类状况的相关办法。如果上述步骤都没有效果，你还可以依据法律向法院提起诉讼，指控相关责任人歧视和骚扰你。

我们提供了以下三个建议供你保护自己。

建议一：请练习平息怒气。当你意识到领导开始一轮歇斯底里的狂骂时，保持冷静的方式之一就是练习在脑中重复一句话：“不要生气，我犯不着为这事生气。”方法之二是想着恶霸领导令人感到可笑的部分，如盯着领导笨拙的发型或是肥硕的耳朵，这样可以帮助你保持冷静，因为你不会把他当回事。

建议二：请好友或同事做公正评判。恶霸领导很清楚如何让你感到不称职，贬低员工的存在价值。当持续地被尖酸刻薄的言语羞辱，并贬低你在这份工作中存在的价值时，别的员工也很难不信以为真。建议借助好友或是工作上有威望的同事的力量，来确定这些羞辱的言语是否对你的工作有实质性帮助；哪一部分是有益的，或只是情绪上的污蔑、误导、恶意的抨击，或只是领导发发牢骚而已。

建议三：争取公司内部同盟的支持。一些同事如果也受到领导同样的对待，试着征求他们对于这个问题的看法，看看他们是否愿意和你一同讨论对策，如何应付领导并想办法改善情况，而不是自己独力面对领导的欺负。作为同一团体中志同道合的难兄难弟，即使无法改变恶霸领导的行为，但至少可以提供足够的精神支持。

工作占据了我们人生大部分的时间，在工作场合里“人和”的因素很重要。即便领导也分三六九等。俗语说：“山不转路转，路不转人转，人不转心转。”遭遇职场霸凌，学会保护自己；面对正面冲突，学会调节自己；碰到职场恶人，懂得更换跑道。

恶霸领导会用言语虐待、威胁、恐吓或侮辱员工，造成职场的欺压和霸凌。这种情况也许不多见，但一旦遇到，最好及时发现，保护好自己，积极行动去搜集证据，做好远离这类领导的准备。

23

遇到奇葩的领导该怎么办

如果问一个问题：“你在职场中遇到过奇葩的领导吗？”几乎每个人都能说上一大通，最后加一句，这个人怎么能这样呢，简直是太奇葩了！

仔细了解一下这些“奇葩”的表现，比如请客户吃饭让员工买单的，跟员工谈论佛学、道学、玄学、磁场什么的，上班干自己的私事，不许员工吃零食，自己却在独立办公室偷吃，规定员工上厕所时间，个人生活混乱，只谈理想不涨工资，等等。

本来你以为只有你遇上了一个奇葩领导，一打听，你会发现其实90% 的人都遇到过。并且，有人还会淡定地给你讲上几则更为奇葩的事迹。

想过没有，这是为什么呢？好像领导中盛产奇葩一样。

其实，所谓“奇葩”，是我们认为领导不应该如此，现实却总是超出我们对他的“预期”，而且是很糟糕的预期时的一种描述。

假如我们把奇葩这个词，后面接上其他的角色，比如“室友”“同事”“丈母娘”等等，你也会获得同样的感觉，就是，为什么他会这样啊！简直不可理解！

既然说到职场，我们就先要分清，这个“奇葩”和工作有多大关系。

我们只需要将注意力放在和工作有关的部分即可，再来判断和工作相关的部分结果如何。结果总体来说是好的，那么就要去思考一下，这些“奇葩”中，有哪些之前不理解的道理？假如结果很差，你也可以想，假如我是领导，我会怎么做？结果会比这个人更好呢？还是不一定呢？

具体如何应对？我们介绍两种方法供大家参考。这两种方法的前提是，领导的“奇葩”对工作总体来说，结果是好的。

方法一：管理自己的期望值

我们回想一下，为什么觉得这样的领导很奇葩？就是你没见过。在你的印象中，做领导不应该是这样的，他跟你的预期不一样。所以，调整自己的期望值，有助于自己心平气和地看待“不一样”。

很多成功的企业家都是有个性的，一些个性甚至是共同的。调整心态，跟着领导“走”一段，走的目的是了解他的价值观和底线，看这样的奇葩做法为他带来了什么，值不值得你继续跟随。

有一个满意度公式是这样的：满意度 = 事情的结果 - 期望。在同样的结果下，期望值越高，意味着最终的满意度会越低，这就是我们平常说的，希望越大，失望越大。

先谈谈我们的期望是怎么形成的。

期望的形成主要有以下几个方面。

第一，自身需求。我们自身的需求是期望的一部分。比如，我们一般对领导有一些先入为主的期望，站在公司发展的角度，希望他有领导力，能力高于自己又有包容下属的胸怀等，站在个人的角度，希望领导喜欢我欣赏我，特别关照我，这些需求本身就是具体的期望。

第二，根据历史经验得来的。比如，你觉得以前的领导有什么样的优点，现任领导也应该有这些优点。

第三，口碑效应和外界宣传。如果身边的人说起某某公司某个领导如何体恤下属，如何德才兼备，你对自己领导的期望也就随之升高了。

当你对领导的高预期没有被现实满足时，就形成了巨大的心理落差。所以，减少自己的心理落差可以从期望值角度进行调整。

既然期望管理很重要，那我们如何有效做好期望管理？

第一，了解自己的能力以及对领导的期望是多少。

第二，有意识去管理对领导的期望，端正心态，对于不合理预期随时进行调整。实际上，那些对你来说有价值的东西，是领导的优点和长处。而盯着领导的缺点来看，除了会破坏你的情绪，别无用处。

另外，“奇葩”的感觉往往是相对应的。我们无法理解领导，也许领导也无法理解我们。如果想要打造和谐的上下级关系，我们不妨把“管理期望值”这个方法，也用于管理领导对我们的期望值。

比如，不确定能不能完成领导交代的任务时，先给他一个较低的保底预期，再尽量去达到好的结果。你可以把事情的劣势和难点说出来，这个时候也是你争取资源和协助的好机会。提前把这些说出来，能让领导的预期回落到正常范围。虽然结果可能一样，但领导对你的满意度会大幅提升。

方法二：带着游戏感去处理

这是一个“90后”的同事给我们讲的方法。

他的领导整天都不按常理出牌，所以，大部分人都会先入为主地觉得和这样奇葩的领导共处会很辛苦。这个90后男生，一天在地铁上突然明白，想要改变领导，这事不大现实，不如调整自己的心态，就当每天都在玩游戏。不知道领导会出什么“牌”，有时候他也会去猜，猜不中也会觉得有意思，然后常常把领导的事当日记一样，写成段子。

就这样，和他说的那位奇葩领导共事了三个月，他突然理解了领导。这种理解，不一定意味着认同，而是理解了领导奇葩背后的动机。

因为内心把这种关系当作一场游戏，所以他的心一下子放松了下来，甚至带着一种享受游戏的心态来工作！

甚至把自己想象成领导，考虑一下自己当领导的时候会如何做，然后觉得原来某些事情是不能做的啊！原来这么做下属是会生气的啊！

当然，如果这个领导或这份工作只剩奇葩，毫无价值，那也没有必要苦苦坚持。

一切美好的事物都是曲折地接近自己的目标，职业生涯也一样，奇葩的领导是必经之路。奇葩领导你可以躲，但是在职业生涯中的个人成长你必须去面对。

记住，从各种人身上汲取正面营养，是我们职业成长的根本来源。

下次遇到奇葩领导，不妨用这种思考方式去判断一下，用这些方法试一试。看看你的领导到底还有没有“营养”，如果还有营养，那么把个人评判放一边，直接学他的优点吧。

职场上每个人都会遇到各种奇葩领导。奇葩的原因，主要是他的表现和你的预期不一样。我们可以通过期望值的调整来提高工作效率，打造和谐的上下级关系。另外，既然无法改变领导，你可以借着玩游戏的感觉去处理，甚至可以从领导的不当言行中汲取教训，学会从正面结果中收获宝贵的职场经验。

24

遇到“独裁型”领导怎么办

说到独裁型领导，很多人会立马想到一个人，一个名人。

他就是苹果公司的创始人乔布斯。

全球多少人在使用苹果系列的产品，但他身边的同事，称他为来自地狱的老板，这也是员工送给乔布斯的外号。

可以想象乔布斯绝不是个传统的“好老板”，他以对待员工苛刻而闻名。但，他对此毫不在意，他说“我的工作不是取悦别人”。仔细想，这种说法也有其道理。与人相比，他更重视“事”。

尽管苹果公司的手册中对管理者有很多要求，比如，管理者应该真诚、体贴、谦虚、放权等，并且要在乎员工的感觉和用户的需求，但这些，乔布斯都违反了。乔布斯不但独裁，而且还越权，甚至侮辱员工。

据说苹果公司的员工都非常害怕和乔布斯乘坐同一部电梯。因为他会向你提出尖锐的问题，如果你的回答不合他心意，可能没下电梯你就被开除了。

这听起来真的很可怕，相信这样的领导很多人都不能接受。甚至因为他的存在，让公司内部显得非常不和谐。

但有意思的是，当乔布斯宣布退休时，苹果公司的员工依然为此心碎。

大家都说，没有乔布斯，就没有今天的苹果。如果仅仅从结果来评估的话，乔布斯确实创造了奇迹。他就像一个预言家一样，准确地把握了合适的机遇，把苹果一步步带到了顶峰。

所以，也有人认为，正是他的专横和霸道，把他认为的价值观毫不妥协地坚持了下来。正是因为这些看起来苛刻却细致入微的要求，才有了呈现于世人的完美产品。

当然，这并非证明，霸道和独裁就是正确的。只能说明，霸道和独裁放在乔布斯这样大才的人物身上，无损于他的事业而已。换一种方式是不是更好，我们无从得知。

但他作为一个“独裁型”领导的典型，我们不妨由他切入，再来看如何相处。

如果大家看过乔布斯的人生经历，就会注意到，他一出生就被亲生父母遗弃，被领养父母带大。这样的出身和经历，让他对世人所在意的“温和、善意”毫无感觉。一个人没办法给别人自己没有的东西。

从这个角度上来看，他的“专横”和“独裁”是他不得已的生存策略。这样的人，不是针对你或者某些人才如此行事，而是对整个世界都如此。

我们再来看看，乔布斯如何解释自己对员工的态度。

他宣称自己的工作是让团队做得更好。乔布斯确实对团队成员的要求极高，并且无法忍受不够聪明的员工，因此他开除一些人时毫不留情。

另外，他有时候会就一些问题与人大吵一架。他认为这是直达问题核心最有效的办法。不过，对大多数人来说，这不亚于一场烈火中的考验。

他还总是强迫别人听从自己的意见。他认为如果你足够坚定，就会用强大的论据来捍卫自己的想法。或许乔布斯想通过这方式，检验人们是否真正了解自己的想法。

正如曾在苹果公司做程序员的霍迪所说：“如果你是一个唯唯诺诺的人，你注定要‘死’在乔布斯手里，因为他对他所知的事情非常自信，所以他需要别人能挑战他。”

重点来了，这几乎是大部分独裁者内心的“独白”：自信、追求效率、喜欢有主见的人，通过制造冲突检验人才。

凡事都有两面性，独裁利于统一指挥，决策成本低。在独裁领导下，群体工作效率较高，能达到既定的工作目标，尤其在创业阶段和面临危机时，可以快速地应变。

假如你在职场中遇到了这样强势而独裁的领导，该怎么做呢？

当然，你的霸道领导不是乔布斯，或许在你眼里，他除了专横之外一无是处。

不过，假如你需要和这样的领导打交道，那么接下来的几个方法可以帮到你。

权当从绝望的大山上，砍下希望的石头吧。

首先，你要判断，你在这样的领导手下的“生存率”

当然，换个角度，假如你能生存，说明你在很多方面已经超过80% 的普通人，尽管这不是必须有的考验。能被这样的领导发现，并能持续工作下去，至少说明，你在这样的领导眼里是“优秀”的。或许他从未表达，但事实已经很明显，大部分人是无法忍受的。能够待得住的人，要么对公司有信心，要么是一个领导需要的人。

其次，把好的感觉给他，你把事情做好

独裁的领导唯我独尊，强调集大权于一人，很少同团队成员商量事情。他们喜欢发号施令的感觉，想要精确掌控下属的每一句话、每一个动作。他们不断告诉下属该干什么，不该干什么，以权威推进工

作，一旦下了命令，希望下属立即服从，严格执行。

如果你知道领导喜欢用主导权开战，那么，请尽量不要给他弹药，而是满足他独裁的心理。如果他的命令无关组织存亡，就尽量按照他说的去做，把挥斥方遒的感觉给他。

再次，按照他的方式沟通

假如你对自己做的事有充分的把握，不妨用他熟悉的方式沟通。

大部分人是不敢和领导“吵架”的。但就像乔布斯说的那样，他认为你若没被他“镇”住，说明你对自己的观点坚信无比，说不定会因此赢来领导的尊重。否则，你不如做一个高效的执行者。

充分地了解领导的性格、行事作风、价值观，甚至是思维和语言方式，按照他习惯的方式与之进行持续沟通，去理解领导决策背后的原因和动机。

毕竟，这样的领导对自己风格的缺点也极为了解。只是，在他心里，强势的好处多于坏处。但内心说不定也需要一个“高情商”的助手，来应对他惹来的麻烦。

假如你能和领导形成配合，那么你就可以通过你的“高情商”来管理你的领导，并通过互补让其对你产生依赖。

最后，你要相信，人是会变的

独裁型领导者独断专行，不理会员工的想法，不能调动员工创新的积极性，从而不利于企业创新能力的提高。当组织不再需要这样的领导风格时，要么人变，要么领导自己变。早期的柳传志就属于独裁型领导，但随着联想开始多元化和国际化，柳传志逐渐将经营决策权下放给杨元庆，领导风格就跟着变了。

独裁型领导喜欢自己做决定，这并不代表他所有的决策都是正确的。要影响他的决策或者让他意识到自己的错误，不妨成为他心理的“依赖者”。

独裁型领导强势、专制、唯我独尊，容易让下属产生挫折感，但并不是说一无是处。独裁型领导决策成本低，群体工作效率高。

面对这样的领导，我们要把好感觉给他，把事情做好，按照他喜欢的方式沟通。如果你无法坚定自己的观点，那么不如做一个高效的执行者。最后，你要相信，人是会变的，组织的不同发展阶段会自然优选那些适合的领导。

—25—

“官僚型”领导怎么应对

官僚，泛指推诿、不负责任的领导作风，具体表现为办事拖沓、遇事推诿，呈而不议、议而不决、决而不行、行而不果，只知道发号施令、搪塞应付，不关心工作效率，等等。

不知你在职场上有没有看到过这样一种典型的官僚领导形象：公司遇到棘手的问题，本该由领导出面解决，但跟他汇报后，他就跟你打太极。如果你把事儿办了，办好了就是他领导有方，没办好就是下属无能。一到开会讨论，这个领导还滔滔不绝，说的都是永远不会错、放之四海皆准的官话。他觉得自己挺高明，但其实呢，一点都不能解决实际问题。

网上还有一则笑话讲开会时的三要点：

①直接对下级讲话要说“我强调几点”；②平级讲话后发言要说“我补充几点”；③上级领导讲完你必须发言要说“我的体会有几点”。

官僚型领导讲形式，好面子，爱打官腔，遇事但求形式上能交代，喜欢一味被动地、刻板地应付，遇事推诿，办事拖拉，喜欢用语焉不详的句子，经常把话说得冠冕堂皇，实际却是拒绝承担责任。

他们说一套做一套，若你不理解他话中有话，话背后有话，往往就被套路了。过分顺从官僚型领导，把他随口一句话都当成“圣旨”不反驳，结果就是表面上看事情好像是做了，但是违心做到最后还是无法真正执行，组织的效率降低，目标更是无从实现。

这种类型的领导，很显然，无法匹配积极上进的你。

但在一些单位或组织中，这种风气是自上而下的，通常官僚作风的形成也会经历很长一段时间，很难靠下面一两个人的力量去改变。

在这种氛围中工作，要明确三点：第一，明确自己的目标；第二，珍惜自己的时间；第三，寻找自己的机会。对于官僚型领导，你可以通过以下几种方式管理他们，从而营造属于自己的进步空间。

回应领导的“客套”，看穿领导的“推托”

我们在与官僚型领导相处时，常常会觉得欣喜而又纳闷。对方可能会肯定你而说了不少悦耳的话，却没有一一兑现。官僚型领导的客套话会出现在各种场合，你不必对他们的每一句话都“上心”。但即使知道是客套话，也要真诚回应，不要敷衍了事，也不要与领导形成“对唱”。你的礼貌会将你们之间的“客套”转变成“真情实意”，有助于缓和上下级关系。

一个官僚型领导很有可能是喜欢拐弯抹角的，他们既要达到自己的目的，又要顾及自己的形象和威严，所以他们的很多话并不是表面的那个意思，他们在“推托”的时候，说话会更加委婉。你在面对这样的领导时自然要学会善解人意，最好在第一句话就能听出领导的用意，看穿领导的“推托”。

尊重领导的游戏规则

应付官僚型领导的最佳方法，就是学会组织里的规则，包括服从领导制定的规章制度、程序、非明文的规定等。如此一来，你就能够了解组织坚守的传统，摸清领导所看重的那些东西，避开暗藏的雷区。对规则使用得当，也能为你加分不少。

按标准程序办事，主动承担责任

当你为了要做某事而去找官僚型领导要资源时，你必须让他知道，在请他拍板定案之前，你已经把完整的程序打通了，会遵循他的标准来办事。

比如，你以书面形式递交所有请求，并保证不逾越规矩，少出岔子，出了问题你会承担责任，这样他会放心把资源交到你手里，甚至还可能亲自出马，帮你搞定他之前不愿出马搞定的事情。

带着解决方案去找领导

官僚型领导的推诿，有时本身就是因为他不想做这件事。看穿了这一点你就好办了，你把领导觉得麻烦的、不想做的事情做了，带着解决方案去找他，主动提出“我来做”，至少不会给领导留有“官僚”的余地，从而提高办事效率。

把功劳留给领导

一个团队担负责任的是领导，不管你在工作上的付出有多大，当领导把功劳据为己有时，你要明白一点：机会是领导给的，荣誉可以给他，而能力是你的，谁也拿不走。

绕过领导办事

当领导的官僚作风成为一种阻碍时，你有必要同时找你领导的上级或者平级帮忙解决问题。

耐心等待调动或者离开

你要明白，构建在官僚基础之上的组织，改变的速度很慢；官僚风格的领导，要改变也很难。如果上面的几点你觉得难以做到，守规矩这种事情和你的本性不合，那你要考虑尽快找一个本质上官僚主义不严重的组织，离开那个让你透不过气的官僚型领导。换岗、换部门以及换工作，都是一种选择。

我们选取了七种典型领导做分析，包括爱整人的、老好人的、暴脾气的、恶霸型的、奇葩的、独裁的以及官僚型的。其实，这是一个简单的类型划分，现实生活中，很有可能你的领导具备两种或两种以上的混合风格。比如爱整人的领导也有奇葩表现，老好人的领导常常很官僚，暴脾气的领导也很独裁，等等。

本章的核心思想是，我们要更多地着眼于自己的职业目标，看领导多看对方的优点，规避和控制对方的缺点给自己带来的影响。对于实在“缺乏营养”的领导，也要勇于变换思路，走出现状，绕过困境，把一场上下级的缘分视为职场修炼的必经之路，为今后提供可借鉴的经验。

第五章

六种尴尬场景的化解方案

领导给你最不想做的工作或者表现出对你的观点不感兴趣，你该怎么办？得罪领导如何挽回？领导的不合理要求如何拒绝？你的同事成了领导，该如何习惯？领导答应升职或者加薪却没有兑现怎么办？相信每一位职场人都遇到过这六个问题，甚至更多！接下来，我们逐一讲解应对的方法，把每一场尴尬都化解成一次“自我成长”的机会。每个人都想证明自己的价值，得到别人的认同。倘若领导对你的观点不感兴趣，未必是你的观点不对。即使你的观点让领导不感兴趣，你也应该欣然接受。我们珍惜自己的建议权，这是对自己思考和工作深度的一种展示，但也应该理解领导的决策权，因为所有的结果由领导负责。记住：把每一次建议都当成一次“自我成长”的机会。

—— 26 ——

领导给你最不想做的工作，你该怎么办

首先我们看一下，哪些被你归为“最不想做的工作”。

第一种：你最不想做这个工作，也许是你觉得这个任务太容易，

做起来没有价值，浪费时间。

第二种：你最不想做这个工作，也许是你觉得这个任务太难，完成起来太费劲，超出了你的能力范围。

第三种：某项任务在大家眼里有不好的含义。

我们先来看一个真实的故事。

阿里巴巴前总裁卫哲在他的自传里提到，当年大学毕业干的第一份工作是秘书。上任后，领导却只让他做剪报的工作——帮领导把重点的、值得一看的新闻剪下来，整理好，以便领导可以在半个小时之内了解重要的、有价值的信息。这个工作让卫哲感到非常委屈，心理不平衡。当秘书难道不是应该给领导安排时间、检查落实或者写讲话稿吗？怎么是做剪报这种可有可无的工作呢？他不服气地找到领导，问能否让他干一些更重要的活。领导不屑地说，刚出校门的大学毕业生根本做不成其他什么事情，唯一能上手的也就是倒水、复印、剪报了。

怎么办呢？不想干的工作也得干，领导越是看不起自己，自己就越要干出个人样来。此后每天上班，卫哲就埋头研究报纸，站在领导的角度搜集新闻，从自己喜欢的《参考消息》入手，听中央人民广播电台，看香港台的电视，广开思路、另辟蹊径。他赋予了这件简单工作的额外价值：可能一条新闻，经过他的手送到领导的眼前，就会左右领导的决策，影响公司的经营。

卫哲开始学习新闻学、传媒学；学习金融、证券，琢磨宏观经济；

学习邓小平理论，收集中央领导的讲话，天天收看中央电视台的新闻联播节目。下班后、节假日期间他再看中央二套节目，既增长了见识，又有一些理论做指导，剪报的内容就更有了分量。有一次，中央新出台了一个政策，他在第一时间提供给领导。领导觉得这是一个信号，经济的春天即将来临，于是便开始着手扩大公司规模。到后来，领导一天不看他的剪报就吃不下饭，不看剪报不做决策，他的剪报成了“一字千金”的“绝密”材料。一年后，卫哲被任命为证券资产管理总部副总经理，那一年他才23岁。

再后来大家都知道了，卫哲离开了第一任领导独闯天下，成为世界500强最年轻的中国区总裁。卫哲说，把最基础、最简单的事情做好，就像做剪报一样，这对此后的任何工作都是一笔极为宝贵的财富。

通过卫哲这段经历，我们可以同时解决第一和第三种情况。

假如领导安排你做的是你不喜欢的，大家都不屑一顾的小事，哪怕再烦琐、枯燥，再不愿意做，也要想方设法把这件小事做好，脚踏实地、认真负责，把看似没有价值的工作挖掘出价值，并从中汲取营养。大家都认为那是小事，你却能赋予这件小事以更深层次的意义，把它做到极致，很快你也能成为最值得信赖的那个人。

我们再来说说第二种情况，你觉得任务太难，完成起来太费劲，超出了你的能力范围，所以，你不想做。这种情况该怎么办？

何梅加入A公司后一直从事文印兼档案管理工作，做了一年多，成绩还是比较突出的，还在公司年底的评比中得过奖。后来领导想让何梅尝试做人事工作，当时她觉得人事工作自己没有接触过，不熟悉，不会做，因此就没有接手。第二年，A公司效益下滑，公司裁人了，人事工作必须有人兼顾，她无法推却，就只好硬着头皮干了。做了一段时间，她发现自己因为学到了更多的东西，得到了领导们的认可而开心。事后何梅十分感谢领导的安排，不仅参加了相关培训，还自学了一些人事管理的专业知识，走上了专业化的道路。何梅意识到，当遇到一些自己不愿做而又推托不掉的事情时，要适时地逼自己一把，职业发展之路才能走得更加宽广。最后，何梅取得了一种比较理想的结果。

当然，也有可能，你确实做不好，但也不用过于担心。

其实，当领导交给你一项有困难的任务时，他很清楚这些工作的难度，并且基于信任选择了你。你可以向领导如实表述你的问题和接下来的打算，甚至可以提出要一些资源和支持，以便顺利完成任务。

从内心来说，你可以把挑战当作升级、打怪、赚经验值。另外，尝试不同类型的工作也能帮助你积累丰富的工作经验，有助于你的职业生涯发展。

如果和自己手头上的工作有冲突，也可以有理有据地向领导提出要求。比如，觉得自己难以应付，还可以和领导说明自己需要一些资源，需要某位同事的帮忙等。即便完成得不理想，作为你的一次尝试也无可厚非。但如果你完成得漂亮，那又多了一次让领导对你刮目相看的机会，何乐而不为呢？

如果是大家都不想做的任务最后分配给你了，也不用刻意为此赋予负面意义。从领导的角度来说，各种工作，无论好坏都需要有人来做。领导偶尔一次给你不想做的工作本身并不能代表什么，但如果回回都给你大家都不做的工作，那你就得考虑一下领导的安排了，看看是不是应该主动找领导沟通一下，了解一下领导是从什么角度考虑的，是否超出了你的理解范围。

假如是这种情况，你可以从以下几方面做出选择。

找领导深入交流，了解领导的真正意图，再做打算

找个适当的机会和领导深入交流一下，了解一下领导的真正想法，让你做这个工作是基于什么样的考虑。如果领导觉得你还不错，想培养你多多熟悉不同的业务，提高你专业能力和处事技巧，那你就要好好感谢领导的良苦用心了。在和领导谈话时，和他好好商量，毕竟这种想带你成长的领导难得遇见。

如果领导只是想利用你的长处，那你还是先考虑一下，你做的事情是否不可替代，能不能体现价值。还有就是你在的公司，这个平台值不值得你死心塌地地去做这些你不想做的事情，这个经历对自己的职业生涯有没有帮助。

如果领导的安排是合理的，工作应该由你来做，而且你的能力完

全胜任，除非有客观原因，否则建议你不要推托了。如果有客观因素不能接这个工作，可以直接向领导说明你的困难。

如果领导的安排确实不合理，例如不该是你做的，或者完成工作远远超出能力范围，这个时候可以推荐合适的人选，或者自己能力不足的，可以作为副手去接受工作，降低搞砸任务的风险。最主要的是了解领导的真实用意。

调整自己，接受领导的安排

从领导那里得到信息反馈后，正确领悟领导的意图，客观评估自己的能力和条件，做出正确的选择。其实你只有两种选择：接受领导的安排，或者是坚持自己的想法。

与其折磨自己，还不如调整好自己的心态，放下身段，沉下心，一步一个脚印去学习，只有自己的能力变强了，才会有“话语权”。

坚持自己的想法，离开公司

待领导表达完自己的想法后，你可以把你的内心想法向领导和盘托出，比如，说说自己的职业生涯规划等，看看领导的反应。如果领导还是坚持让你做那些你最不想做的工作，这时，你就不要再争辩了，既然改变不了领导的想法，也不想太委屈自己老做那些不想做的工作，唯有选择离开公司，这也不失为一种策略，但不是最好的策略。

建议你在做出这个决定前，一定要对自己进行全方位的解剖和评估，不要因做错了而后悔。跳槽不是解决工作烦恼的最好选择，如果不学会处理问题，去到哪个公司都会一团糟，特别是当你想去更好的公司的时候，专业技能和职业素养是否足以支撑你？你手上又是否有更有分量的筹码？

总结一下，你最不想做的工作，可能是因为做起来太简单、枯燥、没有价值感，也有可能是因为做起来太困难，怕无法胜任，还可能是不愿承担被大家赋予负面意义的任务。

无论哪一种，我们都可以赋予它更多正面的积极意义，把它做好。简单的事，做到极致。复杂的任务，将它看作一次锻炼的机会。

领导偶尔给你不想做的工作代表不了什么，但如果每回都给你最不想做的工作，那你就应该主动找领导沟通一下，首先了解领导的深层次意图，其次调整自己接受领导的安排。万一无法调整，那你也可以坚持自己的想法，离开这家公司，但要十分慎重。

—— 27 ——

领导表现出对你的观点不感兴趣怎么办

先看一个案例。

陈松在A公司的企划部工作，对待工作很认真，经常加班加点搞方案。他觉得公司在推广产品方面有很多优势，如果能在考虑控制成本的基础上结合优势进行推广会更好，为什么领导没想到这一点呢？他鼓足勇气，兴冲冲地去找领导，把自己的一些能帮助公司快速盈利的想法和创意讲给领导听。本以为会得到领导的表扬，没想到领导却只是淡淡回答说："谢谢你提这些建议，我会考虑一下。"结果，三个月过去了，领导并未做出任何改变，也没再提这事。陈松有些失望，觉得领导不重视自己的观点，受到了打击，后面再做方案就没那么积极了。

其实，每个人都想证明自己的价值，得到别人的认同。在职场上，下属难免期待领导能张开双臂，以开放的姿态欢迎自己的想法和行动，也希望自己提出一个好主意时，能马上获得领导的赞同和鼓励。然而事实上，多数时候你获得的反馈可能只是领导轻描淡写的回应甚至无动于衷，如果你遇到这种情况，是不是也会感到郁闷呢？

我们先来看一下，从领导的角度，他们通常是怎么理解"下属建议"这个问题的。

华为公司曾有一个新员工，到华为不久，就公司的经营战略问题写了一封"万言书"给任正非。任正非批复道：此人如果有精神病，建议送医院治疗；如果没病，建议辞退。

马云也有过类似的表达，他曾说过：谁和我谈战略就把谁开除！尤其刚进入公司三年以内的员工不要和我谈战略，先把战术做好。

面对这些领导如此激烈的反应，我们不禁要问，到底什么可以提，什么不可以提呢？

在领导眼里，员工最重要的是做好本职工作，不要把主要精力放在不切实际的“战略”等大事上。领导几乎一天24小时都在考虑战略，一名员工甚至是新员工，战术层面都没做好，却要空谈其他高度的事情，领导自然认为你夸夸其谈了。

另外，如果你谈的是自己做的层面，领导也不感兴趣，那么你要从内容、时机、方式三个角度来观察你提出的观点是否合适，以及如果不合适，怎么进行调整。

运用适合的思考角度生成内容

领导对你的观点不感兴趣，未必是你的观点不对，很有可能你讲的内容领导已了解，但认为不合适。就拿陈松的情况来说，陈松想的是快速盈利，而领导想的其实是先补贴市场，把市场规模和用户的习惯先培养起来，用融资来盈利，等市场规模做大了，再盈利也不晚。所以当陈松提出快速盈利方案和想法的时候，领导并不感兴趣。

领导作为管理者，各方面的信息掌握得通常会比下属更多、更全面些。由于看问题的角度不同，领导与下属关注的点也不太一样。我们要改变一项认知：世上每件事并非只有对和错两面。站在不同的角度、位置，从不同人群的需求上去看问题，得到的答案往往千差万别。

面对领导的无动于衷，首先没必要认为自己的观点是错的，可能仅仅是你的出发点和领导不一样，而不同思考角度产生的观点未必对立。

遇到这种情况，下次可以考虑得再周全一些，把涉及的可能性都列出来，针对不同情况给出自己的分析，最后提出自己的建议。首先，即便领导不采纳你的建议本身，也会对你的思考方式表示认可。其次，尽量聚焦在摆事实、讲道理、列数据上，让领导自行判断得出相应的结论。

选择合适的时机表达自己的观点

领导要考虑的问题很多，你可以根据自己观点的重要和紧急程度，选择适当时机去反映。比如，当你知道领导为某事困扰时，你对此有一些想法，就要及时地找领导沟通。你的一些想法也许会激发领导产生灵感，从而想出好的解决方案。在这个过程中，你提出的观点就产生了很大的作用和价值。

当然还要考虑场合，试想领导是愿意在大庭广众之下听到你的想法，还是愿意在一个相对私人的环境下和你面谈，有一个思考和缓冲的时间呢？答案很明显，私下交流更为合适。

除了场合，时间也很重要，你要考虑到你的想法在整个事情中起到什么作用：如果一个计划还未成形，你就跑到领导面前夸夸其谈，一来起不到任何作用，二来也会让领导觉得毫无建设性，影响你日后提出建议的受重视程度。还有一种，马后炮，事后再说，我当初想说这样不合适，应该如何如何之类的话，即便不是领导也会反感这样的表达。

采用合适的方式来展现你的观点

如果你确实希望领导能够接受你的观点，你完全可以用自己的方式向领导推销你的想法，说出自己建议的可行性和诸多好处，引导领导支持你并采纳你的建议。

在发表观点之前，先想想领导最关心的是什么，是降低成本还是提高利润？是团队的公信力还是项目的进度？当你的意见同领导或团队的“更高目标”结合起来的时候，会更有说服力。

当你知道领导重视的东西后，要学会先把领导引入一个轻松的状态，比如午餐时或者心情愉快时，领导更容易接纳你的观点。

以你的意见为中心进行发散思维，看看可能涉及哪些相关事项。先从这些小事项开始和领导达成共识，循序渐进，使领导不断做出肯定的答复，在此过程中不断结合领导的“关注点”，让领导最终在心理上认可你的“目标建议”。

不过你也要做好思想准备，可能你不断地和领导解释你的想法，最后领导还是给你来一句：“你的想法很好，不过还是按照我说的去做。”

当然，就算最后你的观点领导不感兴趣，你也可欣然接受。你要知道，你的目的是提出观点和想法，至于领导采纳与否，很可能涉及更多因素，比如时机、预算、人员等。

我们需要意识到自己的建议权很宝贵，这是对自己思考和工作深度的一种展示；至于决策权，则理应掌握在领导手中，因为他才是结果的负责人。所有的谨慎都是有道理的。我们只需充分扮演好自己的建议角色即可。

每个人都想证明自己的价值，得到别人的认同。领导对你的观点不感兴趣，未必是你的观点不对。你可以借机了解领导，完善自己的建议内容，选择合适的时机和场合。就算最后领导对你的观点不感兴趣，也可欣然接受。我们珍惜自己的建议权，这是对自己思考和工作深度的一种展示，也理解领导的决策权，毕竟所有的结果都由领导负责。

把每一次建议都当成一次“自我成长”的机会。

—— 28 ——

领导被你得罪后怎么办

今天我们讲一个非常尴尬的场景，作为员工，有时说话做事出了差错，一不小心把领导给得罪了，遇到这种情况该怎么办呢？

看看下面两个场景，你是否感觉似曾相识？

王军刚加入公司就参加了一次部门会议，部门领导在做完主要内容总结后，让大家对他这段时间的工作给点意见。一众同事都说没有，只有王军提出了三点意见。领导当时还好，但会后并未采纳，之后见到王军也变得冷淡。

李辉报了一个学习班，周末上课。没想到从那个月开始，领导要求周末加班。让加班就直说加班好了，领导竟对大家说，天气很热啊，与其到处玩，还不如来公司加班，公司还凉快。

李辉听到这些话语之后，心中立马产生抗拒，明明领导要求多干活，还用这种借口，简直是太可气了。李辉很生气地直接跟领导说，不用来公司凉快了，周末要去上课，没办法加班。领导看了他一眼，没说什么，转脸表扬了一位同意加班的同事。就这样，李辉和领导结下了梁子，后面做事屡屡不顺，被领导各种挑毛病。

总体来说，这份工作还不错，李辉又不想因为这样的事离职，所以，他很纠结该怎么解开这个结。

一般得罪领导是无意为之。你若认为不值得为此换工作，我们就要从中吸取经验教训，采取一些措施，主动挽回关系。

先思考一下，你为什么会得罪领导，找一下深层次的原因。是自己说话马大哈没上心，被领导解读成你完全想不到的一层意思，还是自己平时恃才傲物、锋芒太露冒犯了领导，或者因自己说话方式不当让领导遭遇了尴尬？是因自己工作出现问题连累了领导，还是因为自己工作业绩太差，拖了组织发展的后腿？经过反思，如果问题确实出在自己身上，那就要赶快采取措施加以补救。

仔细分辨，原因无外三种：一是自己把事情搞砸了；二是自己一时情绪失控，说话办事带了情绪；三是心直口快，说话不过脑。

能力不够补能力，态度不好改态度，考虑不周就要放慢回应节奏。

正如我们刚才提到的王军的案例，职场中，领导当众表示“欢迎各位提出自己的建议和意见”时，不是不能提，而是要选对时机和场合。通常的做法是，当众表扬，私下提建议。因为你需要考虑到领导的权威以及领导的行事风格，没弄清楚状况前，莫急于表现自己。至于听不惯或看不惯领导的方式，也要私下委婉沟通，尤其不能当众拆台，这很容易引起领导的反感。

假如木已成舟，如何扭转局面呢？这里为大家提供五种方法，可以逐一使用。

第一招：当众向领导道歉

得罪了领导之后，你最担心的是什么呢？如果这位领导心胸狭窄，有可能会处处找你麻烦，有意无意地给你穿小鞋甚至下套。所以你要及时消除与领导间的矛盾，避免矛盾进一步升级，要主动伸出“橄榄枝”。

最真诚的办法就是跟领导道歉，知错能改。认认真真地分析这些事情的错误之处，必须诚恳、真诚，有事实、有依据。大多数领导还是很乐意看到知错就改的员工的。如果冲突是发生在重大公开场合，则需要在公开场合解决，最好的办法不外当众道歉。

当众道歉等于把得罪领导这件事公开化，解决了领导的面子问题。

其实这样做还有一个好处，既然大家都知道了这件事，那么即使领导想要针对你，也会有所顾忌。

再开明的领导也会重视自己的权威，希望得到下属的尊重，你不妨在一些轻松的工作场合，比如公司会餐的餐桌上、联谊活动的酒会上向领导问个好、敬个酒，真诚地道个歉，表示你对领导的尊重，这时，领导自然会记在心里，并因此排除或者淡化对你的敌意。

与领导的关系拉近了，你可以再顺势说到自己身上，说自己阅历、做事各方面多有不足，请领导以后多多包涵、多多指导。领导当众表示原谅，也能借此机会向大家展示修养与风度。于是小鞋不见了，营造出和谐氛围。

第二招：借机改善关系

得罪领导后及时找领导沟通弥补，这件事情的妥善处理会让领导对你有更深的认识，之前的简单认知会得到改观，这时就有了一个新的机会，一个跟领导走得更近的机会。

和领导的关系从不好到好，更在无意中增强了你们两人的黏性。俗话说得好，不打不相识。从矛盾中获得相互了解，也可能进一步加深彼此的关系。冲突往往能给更深入的交流埋下伏笔。你也可以趁此机会请领导一起去玩，请领导吃饭，或者请领导喝杯咖啡，在领导生日或者节假日送点小礼物，传递一份温暖的祝福，让领导借此了解你的态度转变，说不定能把坏事变成好事，何乐而不为呢？

第三招：示弱和服从

职场中太张扬、太高调容易得罪人，尤其是得罪你的领导。

有人行事高调，高调到抢了领导的风头。如果你得罪了领导，要学会示弱，体现出对权力的敬畏。记住示弱不是妥协，而是一种理智的忍让。你尊重的是领导的职位，并不意味着你完全赞同他的说法和做法。你尊重的是职场秩序。

找机会向领导表明自己会以此为鉴，在以后的日子里会服从领导的指挥。领导出于作秀也好，出于同盟也好，他就不好意思再收拾你了。

第四招：用成功或进步回敬

坚守岗位，脚踏实地，努力工作，这就是你的一个稳固的“柱石”，也是你最需要做的事。只有做好你的本职工作，你才能立在这个柱石之上，任何人也不能撼动你的位置。对于已经发生的问题来说，再多解释都是无力的，而表示沉默也不够妥当。用真实的业绩做支撑，用成功或进步来回报领导，才能挽回你应得的尊重。

总之，领导会包容那些对公司有价值的人。所以确保自己的价值，才是我们在职场赖以生存的根本。只要自己能力够强，即使不被这个领导喜欢，也总有其他领导会看中自己。

第五招：走为上策

如果尝试了多种方法还是不能化解你和领导的这种矛盾，他总是找各种理由打压你，甚至故意给你小鞋穿，那你就要考虑离开公司了。

有些领导属于特别有手腕、特别有心机的笑面虎类型，他们深藏不露，看似放松警惕，实则在找机会突然袭击，遇到这种情况你必须赶紧离开。申请调离岗位也好，辞职离开公司也好，注意提前物色适合自己的工作，做好“跳槽”准备。一旦有了理想的用人单位，就要当机立断，果断跳槽。

一般得罪领导是无意的。为什么会得罪领导，首先要找一下深层次的原因。如果问题确实出在自己身上，那就要赶快采取措施加以补救。可以通过当众向领导道歉、借机改善关系、示弱和服从、用业绩和成功来回报等办法挽回领导的心，若实在无法挽回，那只能考虑岗位调动或者离开公司了。总之得罪领导后，该做的做到位，该认的错认了，注意策略，不逃避，直面问题，勇敢解决。

—— 29 ——

领导的不合理要求怎样拒绝

职场中还存在一种比较特殊的情况，当领导向你提出不合理要求时，你做还是不做呢？该怎么应对呢？

职场上有句话说，领导的要求，合理的叫训练，不合理的叫磨炼，总之都是锻炼。一般情况下，领导提出的要求，就是需要我们努力达到的目标或者具备的特性，我们应想办法达到。

但领导也是人，也会犯错。

我们先看一下哪些属于不合理的要求。

比如，领导总是交代你做一些与工作无关的事情，给你的任务严重超出你的可承受范围，要求你做一些可能违规违纪，甚至违背你价值观的事情，等等。领导的要求是否合理，关键在于你的判断和你如何看待这件事。当然你和领导的出发点不同，看待问题的角度也不一样。

首先，你要了解领导的工作风格是什么，这样你才知道他的要求是否合理，还是他一贯的工作风格使然。

其次，身在职场的你，判断合理不合理，不但要从自身考虑，也要学着从更高一层去考虑，比如领导角度，甚至部门和公司角度，这样才能理解各种“不合理”背后的真实情况。

如果经过多方考察和判断，你都觉得这件事确实不合理，不应该做，那就不要拖泥带水，要懂得如何拒绝。

拒绝领导的不合理要求，特别需要智慧。

今天就来讲几招，既能让你做一个尽职尽责的员工，又能让你的领导自己打消不合理的念头。

第一招：坚决而温和地拒绝，但不要当众拒绝

受中国传统观念的影响，很多员工会认为拒绝领导是不礼貌的做

法，因此即便感到不合适或工作超出负荷，也不敢、不善于拒绝领导的要求，导致自己难受，工作还做不好，得不偿失。

尽管拒绝领导的不合理要求很难，但你依然有权利说不，只是要注意拒绝的场合和时间。比如，避免当众拒绝，私下商量较好。方式温和，态度坚决。

态度坚决，并不代表态度要强硬。在拒绝领导要求时，坚决而温和的态度容易达到你的目标。让领导了解自己的境况，使双方在工作中保持沟通，避免让矛盾积累起来。

还有一点，拒绝时把领导的要求分成两部分，一部分是目的，另一部分是方法。你可以肯定领导的目的和初衷，但方法上，你可以有不同看法，数据和道理都要讲清楚。这样，给领导的感觉不是拒绝，而是完善领导的“意思”，这样领导也更容易接受。

再看个例子。

为了赶一个工程进度，陈玲的领导在例会上要求大家这个月加班加点工作。非常不巧的是，陈玲这段时间下班后都要去一个职业学校进修，学费都交了，也不能请假。怎么办呢？会后，陈玲找到领导，直接告诉领导她的实际情况，由于个人原因她确实无力应付领导吩咐的额外工作。但陈玲向领导保证，上班时间会高质高量地完成手头工作，只是超额部分实在无法应付。接下来，陈玲上班的时候也确实是全力以赴，表现出极高的工作效率，下班后跟领导打声招呼，然后去进修充电。这种隐性的拒绝，让陈玲的领导觉得她是个很敬业而又上进的下属，并没有因为她的拒绝而忽视她。

当众拒绝领导，会被认为是挑衅；私底下找领导解释说明，是商量。很多矛盾的产生根本上是由于某一方态度差劲而导致误会加深，然后彼此陷入关系的僵局。

会让领导反感的不是内容，而是你的态度和方式。绝大多数领导和我们一样是正常人，既不是完全不讲道理，也不是完全客观中立。其实很多事情都是可以商量的，你要在私下里先表达顺从的态度以及对领导权威的尊重，然后再说拒绝的内容。

第二招：用事实和数据来证明此事不可行

当你明知不可为，想拒绝领导的要求时，不妨把账算清楚，让他清楚地知道事情划不来，而且你已经尽力执行了，并不是在跟他对抗。

比如领导给了你超过工作负荷量的任务，你就把自己的工作内容详细汇报给他听。实际上，对大多数领导来说，他们并不是十分清楚每个员工在做什么，工作量有多大，而那些可以准确估计工作量和完成工作所需时间的员工往往是更有价值的。如果你的理由是时间不够，最好给领导准备一张你手头工作的清单，让他帮你把部分工作分配给其他人。

李强在A公司没日没夜地干了好几年，可领导给他的加薪幅度非常小，这大大降低了他的自信心和工作积极性，让他萌生去意。他终于决定无论如何也要对领导说“不”。不过，在说“不”之前，他先把所有的资料收集齐全了，包括A公司的加薪制度，自己历年的工作业绩以及同级别同事的加薪情况。他列了一张详细的表单，力证自己的加薪百分比是最小的，然后告诉领导他不干了。结果，领导看到他的清单后经过考虑，不仅强烈挽留了他，还给他加了50%的薪水。

说“不”的时候最好给领导提供一些客观的东西，比如数据，很多时候，数据比言语更有力。

第三招：拒绝之后给出意见

拒绝领导的要求之后尽量给出建设性意见，替领导指出解决之道。这样领导至少会认为，你既对达到领导要求有实际的考虑，又对工作有一种积极的态度。因为你不是在推托他的要求，而是在尽力想办法解决问题。

当领导把大量工作交给你，使你不胜负荷时，你可以主动把各项工作定个先后顺序，交给领导定夺。比如手头已经有A、B、C、D四项任务，按急迫程度以D、C、B、A的顺序来处理，你觉得可以吗？你做出决策权完全上交的姿态，醉翁之意不在酒，明智的领导自然会懂得你的言外之意，也能体会你的认真谨慎。他理解了你对工作排序的目的，自然会把一些细枝末节的工作交给别人处理，你的任务自然就不那么重了。

当领导把超出你能力范围的任务交给你时，你可以向领导坦言无法保证工作结果。为了完成交派的任务，自己希望得到时间、人力和其他资源上的一些配合，尽量争取更多的支持。如果领导不能给你提供所需要的东西，即便将来达不到他的要求，至少他也能明白，不完全是你的错。

至于违背价值观的要求，我们要如何拒绝？

安琪的领导从闲聊中得知，安琪的同学正好在他们竞争对手那里做财务主管，于是几次三番暗示安琪去她的同学那里套取一些情报，如对方公司的财务状况、产品信息之类。安琪不愿意这么做，但又不想直接拒绝不给领导面子，就给领导推荐了一位律师朋友，说这样的事，可以找律师做尽职调查等，通过合法途径获得，这样大家都没必要承担违法风险。领导一听，也明白安琪的意思，就没再去强求了。

当你的领导要求你做一些违法的事或违背良心的事，你要尽量保持心态平和，向领导委婉地解释你对他的要求感到不安，这件事关系到公司和领导的安危，你拒绝也是出于关心领导未来和公司未来。你理解领导的目的，却不能同意领导所采用的手段。为达到同样的目的，其实这件事完全可以用另外的方案来解决。

你不仅要关注自己的感受和前途，更要在说“不”的同时体现出你对领导的关怀和对公司利益的关怀。你有你的原则，假如你无法坚持自身的价值观，则会迷失自己，还会影响工作的成绩，甚至断送自己的前途。领导的要求是否合理，关键在于你的判断和你如何看待这件事。如果经过多方考察和判断，你都觉得这件事不合理，不应该做，那就不要拖泥带水，学会拒绝。

拒绝的时候有几点需要我们注意：

（1）坚决而温和地拒绝，但不要当众拒绝；

（2）用事实和数据来证明此事不可行；

（3）拒绝之后给出建设性意见。

著名的喜剧大师卓别林曾说，学会说“不”吧，你的生活将会美好很多。想在职场有长远的发展，还要增长一些分辨的智慧，对一些事情说不，也是提高你工作效率的好方法。

—— 30 ——

你的同事成了领导，该如何习惯

乐乐这几天抱怨说，她一个很要好的同事小周升职了，还当了她的直属领导。以前小周和她无话不说，现在她感觉两个人的关系好像不如从前了，即便一起吃饭，也不知道聊什么，心里觉得很别扭。

嗯，你的同事升职了，你们不再是平级关系，而成了上下级。面对成为自己领导的他，你心里是否产生了微妙的变化？是否要改变自己与他的相处方式？他是否会改变对待你的态度？你该如何跟原本的朋友、如今的领导搞好关系？以前的友谊还能继续保持吗？

美国斯坦福大学教授罗伯特·萨顿（Robert Sutton）在《混蛋止步法则》一书中表示，不管对你还是新领导来说，这都是个棘手的问题。在这种情况下，可能出现以下两种局面。第一种是新领导“不太适应新角色，于是假装一切如旧，仍以朋友身份与你相处”。这对你来说没有什么坏处，但“不利于整个团队发展”。第二种是新领导“被权力冲昏了头脑，开始夸夸其谈，颐指气使，听不进任何人的意见”。

《关键领导90天》一书的作者迈克尔·沃特金斯（Michael Watkins）建议，遇到这种情况时，你应该像对待一位从未见过的领导一样对待这位新领导。话虽如此，你们毕竟已经相识，之前的关系也无法完全忽略。

你的同事成了你的领导，你该如何习惯？

具体有四条可以参考。

第一，处理自己的心理落差；

第二，避免嫉妒心被他人利用；

第三，彼此保持适当距离；

第四，做好本职工作。

接下来，我们一条条来看怎么操作。

调整心态，抚平自己的心理落差

平级的同事突然成了你的领导，也许你替昔日的同事高兴、庆祝，将这种落差转换为激励和动力，向这位同事看齐。也许你会觉得内心失落，甚至泛起阵阵微酸的涟漪。你可能觉得这个位置本该属于你，或许当他作为领导批评你的时候，你会心生不满，各种想法都会不合时宜地钻出来。

真正让你感觉糟糕的是，对方的好，仿佛在宣告“自己很差”。这种逻辑显然不合理，若不仔细分辨，便会偏执地认定下去，轻则伤害自信，重则殃及关系及职业路径。

我们要给自己一些时间来适应这个心理落差，同时理智地辨别其中的“真伪”，比如他的好，显然不等于你差；他现在升职了，并不代表你未来不会升职，说不定只是时间问题。毕竟每个人的进步速度和擅长领域不同。当你看到这一点，不妨给自己一些调整内心的时间。学会适应职场中、工作中的各种变化，这也是体现我们成熟的一大标准。

了解自己，也要学着欣赏他人的优点。每家公司都有一套评定员工的方式方法，或许你暂时没有当领导的条件，或许你没有那个升职同事所拥有的某项优势，但是你有你的价值。而且价值的展现方式有很多种，升职只是其中一种。所以，请相信自己，相信自己的价值，相信自己的未来，这样你才能够坦然面对他人职位的变化。要知道，一切变化都是有理由的，一切已经发生的事情，都必然会发生。

坦然接受，避免嫉妒心被他人利用

知道你们这种关系的人很可能对此说三道四，所以，你还需要防范一些别有用心的人拿你和新领导过去的那层关系做文章，挑拨、破坏你和他的关系。当我们周遭的环境发生变化的时候，无论是自己还是他人，都需要一段适应时间。在调整自我、宽容自我、包容自我的时候，更要从自己未来的职业发展角度做考虑。当你听到“是非”的时候，要知道自己的立场在哪里对自己和未来更有利。

记住一句话：没人能真正伤害到你，除非你认同和允许。你要做的就是接受事实，放平心态，像以往一样把注意力放在如何提升自己上。

自觉保持适当的距离

其实在这种情况下，不管是你还是你的领导，都多多少少会陷入一个两难的境地。对你的领导来说，如果不照顾你的情绪，会被视为当了领导就盛气凌人；如果太照顾你的情绪，那就很容易在管理中陷入被动。过于严厉也不是，过于宽容也不是。

对于你来说，如果你故意疏远领导，就会被看成对别人的升职心存芥蒂；如果你跟领导非常亲密，又会被认为别有所求。

所以在处理你和新领导关系的时候，要掌握一个动态的度，既不能过度殷勤，也不能过度疏远。不管能否达成共识，也不管是不是在公司里，都要保持适当的距离，一来可以避免外人说闲话，二来可以维护你俩的关系。

坚持职业化的行为

你应该认识到他已经是你的领导，而非昔日的同事，至少在上班时间要体现上下级的关系，这是你们之间关系的基本定位，同时也是职业化员工应该做到的。

（1）要形成正确的汇报关系。过去，工作上的很多事情较少需要跟你的同事交流，但现在他成为你的上级，作为下级的你有义务和责任，就你的工作结果定期或不定期向你的上级进行汇报，你必须适应这种转变。

（2）要服从领导的指令和安排。对上级所安排的工作内容，尽自己最大的努力去完成。有异议的方面也可照常提出，不管谁成为你的领导，都不应该妨碍你一如既往地完成应做的工作。

（3）要改变沟通方式。在上班时间更是有此必要，比如，原先作为同事，你们可能彼此直呼其名，但现在他作为你的领导，可能姓氏后会带有职位，你应该在称谓上做出这种改变，这也能体现你对领导的尊重。

（4）要对事不对人。当涉及工作时，保持对事不对人的态度，不管你采取什么立场，都确保自己是出于公心，而不是出于个人情绪和跟对方的关系。这一点很难，需要你反复提醒自己，也需要你不断练习。相处过程中有可能产生的矛盾，要及时通过沟通交流去化解。工作上的矛盾只关乎工作，不应该与人本身有关。

总之，坚持职业化的行为是检验一个职场人的最好标杆，真正高水平的人不会轻易被情绪、人际关系所困扰，能够顶着各种困难完成自己的工作。遇到平级同事成了你的领导，也是一样的道理，一切要从工作目标出发，以完成工作、实现目标为重。这才是一个成熟的职场人应该有的表现。

同时准确把握两人之间的关系，积极沟通，将过去的友谊转化为有力的联盟，必将成为你们彼此的助力。

但你可能要说了，这只是一种情况，就是和过去的这个同事关系还不错，那如果是跟自己性格脾气不合，甚至是曾经有过口角和过节的同事升职当了领导，又该怎么做呢？

其实上面说的四条也同样适用，对事不对人，你只要摆正自己的心态，继续努力工作就行。毕竟对方现在是领导了，别给人家添堵，也别给自己找麻烦，要学会转变自己的做事风格，争取做出成绩来证明自己的价值，以期获得升职。如果据你观察，这位曾有过矛盾的旧同事是比较小心眼儿的，你在他手下真的会处处受限，那你也完全可以主动申请调离这个部门，避免直接冲突。

总结一下本节的内容：你的同事升职了，和你成了上下级关系，你要习惯这种存在：①调整心态，抚平自己的心理落差；②坦然接受，避免嫉妒心被他人利用；③自觉保持适当的距离；④坚持职业化的行为。万一新领导和你曾经有过节，也不用太担心，做好你的工作，用事实证明你的实力，至少你还有调离部门的自由。

—31—

领导答应升职或者加薪却没有兑现怎么办

说一个前不久我们听到的故事。

年初的时候，小宋的领导计划在上半年为新产品打开市场。为了让员工更有动力，领导承诺新业务开拓达标了给大家50%的销售提成。小宋一算这个提成，真的很高，于是主动接下这块业务，并带领他的小团队披星戴月地工作。半年过去了，小宋完成了预期指标。

半年度的汇报会议一结束，小宋兴冲冲地去找领导兑现承诺。

结果，领导对他说，答应的是毛利50%，不是销售额的50%。因为这个项目公司前期投入非常高，现在刚刚起步而已，离大规模盈利还差得远。至于毛利到底有多少，要等公司财务核算后才知道。

小宋一听，气愤不已，觉得自己上当了，领了销售提成之后，带着小团队就离职了，还跑去了竞争对手公司，对外散布前领导的负面评论。

后来，圈里人对当事人褒贬不一，但认为两人做法上都有不妥。

不过有一点可以肯定，两人事先沟通不到位，双方存在一定的认知误解，比如对提成的标准理解有偏差。小宋没有拿到他认为该得的利益，愤然离职，领导不但失去了一员大将，还损失了名誉。小宋的报复行为，也让用他的新领导对他心存芥蒂。事实上，这样的结果是双输。

正确的做法是什么呢？在领导做出承诺的那一刻，比如升职或者加薪，如果不清晰，员工可以要求把承诺的东西白纸黑字地写出来，并且双方明确条件是什么。奖励提成，到底是营业额的百分比提成，还是纯利润的百分比提成？这种先小人后君子的做法可以避免事后一系列问题的发生。一般来说，领导在做出书面承诺的时候往往更慎重，在目标达到后，往往鉴于纸面的约束，咬着牙也会履行当时的承诺。

那为什么会出现领导答应升职或者加薪而不兑现的情况呢？你可以观察一下，领导是所有的承诺都不兑现还是就这一次。

详细分析起来，领导承诺加薪或者升职，却迟迟无法兑现的原因往往就一个：领导不兑现承诺所产生的结果是他可以承担的。

不兑现承诺，结果不外员工积极性被挫伤，甚至愤然离职。但领导也许早就考虑过了这种可能性，内心也已经有了可替代的人选，所以他不担心不兑现的后果，也可以承担这种后果。

对此你要思考的是，你在自己的工作岗位上是否重要到任何人都无法替代的程度。如果随便一个人就能把你取代，那领导怎么会慎重考虑再给你加薪或者升职呢，重新找一个人不是更划算吗？

你应该综合评估一下，在自认为比较出色的工作中到底表现如何，领导真实的评价是怎样的，其他部门同事有什么看法，自己犯过哪些错，取得了哪些成绩，这些方面都要做全方位的梳理。其实，你根据自己的表现、平时与领导的交流等，应当能想明白其中的缘由。也许你的能力还没达到领导的预期水平，原本领导比较看好你，觉得你可以有所作为，但是你一直表现平平、令人失望呢？也许你所认为的自己的业务能力与领导认为的，在标准、要求上都有差距呢？对此有疑问的，不妨大大方方直接去问领导。

作为当事人，事先被承诺的东西没有得到，期望落空，你的积极性受到了打击，情绪低落也是正常的。但借此机会，你依然能从中得到一些领悟。比如，是领导在多大程度上离不开你？还是你在多大程度上离不开这个工作？如何增加让部门离不开你的筹码？还有，你的升职和加薪，对公司来说是否“划算”？

商业世界里的规则本质是“赚钱”，如果用一个人，公司支付的报酬超过你贡献的价值，那么显然你也待不久。反之，公司会想方设法留下你，用加薪升职的方式，等等。

对我们个人来说，也要看到工作的目的不仅仅是获得一份收入，更多的是通过工作为自己赋能，所以这是两个方面受益，要综合衡量。

当然，还有一种领导未能兑现承诺的情况，我们也要考虑到。

晓雯在公司是业务骨干，经常加班加点，任劳任怨。晓雯的领导将她的努力看在眼里，心里很感动。一次晚上8点了，领导回公司取东西正好看到晓雯还在加班，赶着做一份合同出来。领导临走的时候说：“好好干，年底给你升职当部门经理！”晓雯听了干劲更足了。

谁知道到了年底提干的时候，领导压根儿没有推荐晓雯，而是告诉大家部门经理将由总部派来的小金担任。晓雯很失望，之前是出于责任心，工作很投入，也忽略了家庭，综合考虑后她提出了辞职。

正式离职前，晓雯的领导交给她一封言辞恳切的推荐信，信里历数了晓雯的各种优点，并告诉她部门经理的人选是由总公司领导钦定的空降兵，他也不方便出面干涉。晓雯既惊讶又有点感动，心情复杂地离开了公司。

前任领导的推荐信是职业生涯中的宝贵财富，任何一个公司看到你以前雇主的推荐信，都会增加对你的信任度。所以领导没有按承诺给你升职加薪，还可能是这件事超出了他的能力范围。如果事情真的是这样，相信领导也会向你解释清楚。你的努力不会白费，总有得到回报的那一天。

总结一下本节的内容，领导答应的承诺没有兑现，也许是双方存在一定的误解，应考虑事先把承诺的内容和目标达到的条件白纸黑字写出来。领导不兑现承诺往往是因为不兑现所产生的结果是他可以承担的。对此你要思考的是，你在自己的工作岗位上是否重要到任何人都无法替代的程度。要去改善领导不兑现承诺的局面，只能通过你付诸行动来扭转了。即便局面无法扭转，你也可以通过前任领导的支持，在其他地方实现自己的职业提升。

第六章

避开管理领导的五个雷区

不犯错，少走弯路，本身也是一种有效的管理方法。

我们首先要学会避开一些和领导打交道的雷区。

我们选取了最容易出错和产生错觉的五个雷区，比如糟糕的第一印象、职场中的情绪化还有拍马屁。领导和你称兄道弟，算不算管理成功？别的同事背后议论领导时，你该如何做？工作中，领导就是领导，和领导保持安全的工作距离，不但让领导感觉到安全，更能保证自己的安全。所谓向上管理，并非和领导的距离越近越好。

32

糟糕的第一印象让你失去信任

我们先来讲第一个雷区：糟糕的第一印象。

心理学上有一个词叫作“首因效应”，指个体在社会认知过程中，通过“第一印象”最先输入的信息对客体以后的认知产生的影响作用。由于首因效应的存在，第一印象在人际交往中起着巨大的作用。你可能会想，这道理谁都懂啊，不就是第一次见面时，要给领导留下一个好印象嘛。不过，今天我们提到的职场“第一印象”和平时大家理解的不同。除了第一次见面会有“第一印象”，其他很多地方也有“第一印象”。比如，第一次和领导吃饭，第一次做领导交代的任务，第一次在领导面前公开发言等都是“第一印象”。

如果想管理好你的领导，就必须管理好每一个在领导面前的“第一印象”。因为“第一印象”往往是打开领导这个“资源”盒子的钥匙。钥匙一旦弄丢了，再想打开难度就会增加数倍，会付出更多代价。

一般来说，领导会通过两个阶段对一个人形成印象。

第一阶段，领导会在无意识中对你进行初步考察，比如直觉、你的外表、表达方式、地位和肢体语言等透露的信息。领导在这个阶段很难完整、全面地认识你。但如果在第一阶段，你就表现不佳，很可能就没有然后了。

如果能顺利进入第二阶段，领导通常会从你具体工作时的表现和结果来搜集，分析与你相关的各类信息，并据此形成较全面的结论。这时，领导会通过更多信息评估，修正第一阶段中的粗略印象。

所以我们就从粗略印象开始进行管理。我们平常理解的第一印象，首先需要我们注意仪表，包括衣服要整洁，服饰搭配要和谐得体；其次还要特别注意自己的举手投足、一言一行。平时要掌握恰当的社交礼仪，至少不能失礼而不自知，甚至碰触到领导的“禁忌”。

还有一些细节，比如领导在会议上发言时，你却目光呆滞。你可能觉得无聊了，也可能在认真思考其他事情入神了，但领导并不知道你实际在想什么。一个不经意的眼神扫过，看到不专心的你，领导会在心中做出自己的判断，这很有可能是对你不利的判断。

在与领导交谈时，你应该运用合适的肢体语言：进行目光接触，适当微笑，同意时点头，仔细倾听而不打断，保持良好坐姿和站姿。如果是在餐桌上，要特别讲究餐桌礼仪，处处表现得礼貌、谦让、有教养。

在工作中，要特别注意工作细节，注意自己待人处事的方式，用你自己的魅力去影响别人，用你的专业知识去证明自己。在任何时间、任何场合，你都要做好充分的准备。

其实印象管理的本质就是做好自我管理，遵守时间，说到做到，言而有信，让你的领导看到你一贯的优秀表现，认为你有原则、可靠，对你形成“这是个很靠谱的下属”的印象，那么他自然就对你增加了几分好感。因此凡是领导在的场合中，要时刻提醒自己“第一印象”的重要性。

现在我们知道了，“第一印象”泛指你和领导打交道时所有第一次的“触点”。当然，有好的第一印象，就可能有糟糕的第一印象。假如，一不小心在领导那里形成了一个与事实不符的“糟糕第一印象”，我们能做的，就是及时消除领导对我们的误解。

当面道歉和解释都是可以选择的方案。但更多的时候，你并不清楚领导对你的误解是什么，而且不方便直接去问。这就需要在第二阶段付出更为实际的努力，以扭转困境。

展现你的工作价值

作为员工，如果你可以为领导创造出有利的价值，无论出色的工作表现，还是工作外的协助、领导最需要的某方面的咨询，等等，领导一定会看得见。

也就是说，你可以通过多帮助你的领导立下功劳来创造好印象，让领导觉得以往那些印象和你的价值相比，可以忽略不计。

这就需要你磨炼自己的专业技能，提升自己的专业能力，给领导留下这个人很专业的印象。本质上，你创造了价值，领导会从价值尊重角度，修正对你的印象。

不浪费任何和领导见面的机会

虽然公司的高层领导不会花很多时间和你在一起，但是偶尔短暂的见面机会也是“触点”。所以，我们可以用更多更好的“触点”来覆盖不佳“印象”，比如你主动向领导汇报工作，等等。当然，之前一定要仔细想明白自己要说些什么。就像彼得·德鲁克说的，“要花十分钟的时间去准备每一分钟的面谈”。

另外，很多时候，在电梯里、走廊上、茶水间、餐厅、厕所等处也会偶遇领导。大部分员工都不会和他们聊天。阅读本节后，你就已经不属于这“大部分”了。

这个时候，一个懂得向上管理的你，可以提前预演你的自信、礼貌、令人印象深刻的“演讲”。也许只是两三句话，却大方得体，让领导耳目一新。

这里给大家分享两个小方法。

第一，跟领导谈谈你成功做过的具有挑战性的项目，或者你认为具有可操作性的解决问题的方式。总之，任何成就都可以和谈话主题挂上边。但注意，一定要表现出“不经意”的低调。

比如，你和领导说，刚遇到一个有意思的客户，说他比较过十家方案，又回头来找我。这是因为，我第一次给他的方案里就包含了他可能用到的三种配件，而其他家只给了一个报价。我发现有时多做一点点，竟然可以赢得一个大客户，太划算了。

这样不经意的聊天，蕴含的信息量是很大的，你可以慢慢体会其中的奥秘。

第二，记录你的工作以及每月工作结果汇总。当时机到来时，你很容易就能把这一块内容告诉你的领导。

称赞你的领导

人天生就有一种“被认可的愿望”，希望得到别人的认可，领导也不例外。

礼貌地称赞你的领导，但记得夸人要具体，比如:

“领导，你太厉害了！”

“嗬，领导，昨天你一个人‘舌战’三个专家客户，有理有据，最后签下这笔订单，你的专业能力和缜密的逻辑真是令人折服啊。”

这两种赞美你认为哪种更好呢？肯定是第二种。因为有具体事件和夸奖的具体内容，这很容易激发领导的好感。

总结一下本节的内容。

职场“第一印象”，并不限于第一次打交道的印象，而是泛指你和领导打交道所有第一次的“触点”。每一个触点，包括谈话、开会、发言甚至电梯偶遇都需要做好管理。

职场“第一印象”往往是打开领导这个“资源”盒子的钥匙。钥匙一旦弄丢了，再想打开难度就会增加数倍，甚至付出更多代价。

假如，一不小心在领导那里形成了一个与事实不符的“糟糕第一印象”，我们能做的，就是通过展现你的工作价值，利用好每一个和领导见面的机会，以及称赞你的领导等方式及时消除领导对你的误解。

33

情绪化会毁掉你的职业形象

情绪化，指一个人的心理状态，容易因为一些或大或小的因素发生情绪波动，喜怒哀乐经常在不经意间转换，前一秒还是高兴的，后一秒就可能闷闷不乐、焦躁不安。情绪化也可以理解为人在不理性的情感下的行为状态。

曾经热播的电视剧《北京女子图鉴》里有一集内容是：在北京工作的陈可先与杭州过来的甲方客户约了傍晚6点洽谈项目，凑巧男朋友让她晚上8点赴约。陈可明明知道这两个约会时间点挨得太近而极有可能无法按时赴男友的约会，却不好意思拒绝男友而答应下来。

当晚，客户因不熟悉北京的交通状况，快到晚上8点时仍塞车在路上。陈可终于按捺不住很有可能对男朋友爽约的烦躁情绪，向自己的助理吐槽道：客户的迟到却要她来买单，浪费她的时间！

就在说话之时，客户紧赶慢赶终于到达见面地点，陈可却已经无法控制自己等了两个小时的愤怒情绪，不但不接受客户的迟到解释，还全程冷着一张脸。她对客户毫不客气地说，迟到非常不礼貌，并以要马上去见一个同样重要的客户为由，让自己的助理留下洽谈业务。最糟糕的是，她在拿包离开座位的时候不小心碰倒了桌子上的玻璃杯，玻璃碎了一地，这彻底激怒了这位平时很难预约的客户。

结果，陈可的公司被甲方客户列入黑名单，两年内不再合作，即使陈可后来真心实意地跟客户道歉也没能挽回。陈可也因为这件事被领导批评，扣掉了一个季度的奖金。

陈可的领导批评她的时候说，情绪化的工作行为不仅是丢掉一个客户、一笔生意，更是丢掉了专业形象和职业操守。如果在工作中让自己的坏情绪操纵自己，失去应有的专业素养，哪怕事后尽力挽救，恐怕也难以弥补对公司、组织造成的专业形象损失、客情关系的裂痕。带着坏情绪工作，也许情绪发泄完了你有那么一瞬间觉得心情舒畅一点，可你却要为此付出巨大的代价，还有可能面临收入下降、自毁职业前途的局面。

将生活里的坏情绪带入工作中，也就无法保证工作任务的完成质量，这也是不够职业化的一种表现。后果是，你会一不小心失去领导的信任，甚至失去职业发展前途。

把生活中的情绪带入工作中，大家比较容易理解这样做的错误之处，但在工作中呢？有可能和同事、客户甚至你的领导发生不愉快，直接导致情绪失控。

我们再来看一个案例，看看正确处理情绪的做法是什么样的。

徐冰是个新员工，面对领导第一次的批评，她出言顶撞，反应十分情绪化；但第二次面对领导的批评，她控制住了情绪，冷静处理，结果完全不同。

第一次是在会议上，徐冰负责给大家准备的文件材料出了问题，重新打印整理浪费了很多时间，领导批评了她。徐冰不服气，当众顶了回去，说领导没有说清楚，还十分情绪化地掉了眼泪。领导很无奈地宣布提前散会，之后对她黑了一个星期的脸。

第二次是在提交一份营销计划时，徐冰修改了原定的产品品类和风格，领导大发雷霆，问她怎么能擅自修改。徐冰吸取上一次的教训，面对发脾气的领导克制了自己的情绪，静静地等领导说完话，问：“您现在心情好些了吗？”领导很意外，对徐冰说：“你态度倒是不错，可光态度好有什么用，进公司没几天就瞎搞。”

徐冰奓着胆子对领导解释，她做的修改，可能会让销售额大幅上升，并且列出了相关的数据，证明她方案的可行性。

领导的眉头慢慢舒展开来：“你怎么不早说，那就按你的计划办吧。”

果不其然，结果皆大欢喜。之后，领导也对徐冰刮目相看，变得更信任她了。

你看，情绪化看起来是表达愤怒，但于事无补，甚至还会把关系搞砸。那么如何面对工作中的情绪挑战呢？

要知道，不带着情绪工作，本身就是职业化的一种体现。

我们并非让你一味地压抑情绪，而是学会理解情绪背后的原因，一旦理解了这些情绪，它们就没有存在的必要了。

很多情绪产生的原因，一是与预期的不一致，二是对领导的心理投射。

预期是指，你对一件事期待很高，结果很差，你的情绪就会跑出来。因此，可以通过管理你的预期来管理情绪。

心理投射是指，领导往往是权力和权威的象征。从心理学上解释，这和你与父亲的关系有关。你对父亲角色的情绪，会影响你看待其他权威。很多人忍受不了领导的批评，本质上是投射了对父亲的“愤怒”“委屈”等情绪，这听起来有点匪夷所思。假如你曾和领导产生过冲突，不妨回忆一下，这种情绪是否似曾相识？

那么在工作上，如何面对领导的批评呢？这里有几点建议可以参考。

学会换位思考

职场中我们很容易受到他人的影响而使自己的情绪低落，从而影响工作效率。

当我们能够做到换位思考，尝试着从他人的角度出发，用同理心的思维去思考问题，就会发现，很多情绪没必要产生。因为你会更容易体会到他人的情绪和想法，而不再执着于某件事、某句话。

当然，若是遇到暂时无法理解的问题，你也可以用自己的方式排解情绪，例如找人倾诉、写自我总结等，主动给自己的情绪充电。

相信自己，提升抗压能力

有时领导的一句话，会引出你无数内心戏。“领导是不是故意给我小鞋穿？”“我是不是能力真的太差了，干不了这个工作？”“我是不是选错公司了，这里的风格就不适合我？”等等。千万注意，当你有这样的想法时，要马上制止自己，否则就会消耗你的工作热情，进而影响到工作效率，形成恶性循环。

正确的做法是理性地寻找问题的原因，然后坦然面对批评，毕竟一个人的心理弹性和他的前途密切相关。

有一个比喻特别能说明这一点，假如你是国王，你允许你的国民中存在小偷、坏蛋这类人吗？你会发现，你必须允许，因为作为国王，你心中是千千万万的国民啊，人多了，自然什么样的人都会有。但你眼里盯着的是一个整体的利益，而不会把精力消耗在一两个小毛贼身上。当然，你会制定法律来规范大家。所以，你看啊，是不是职位越高越能包容呢？

所以在工作中，我们也要带着这样的胸怀，去包容一些小事情，不至于太敏感，同时相信自己的能力，也相信自己的抗压能力。

被批评时不急于辩解，学会绕到对方情绪背后提问

被批评的时候，人会本能地处于一种防卫状态，这种心理状态的外在表现之一就是积极替自己辩解开脱。有些情绪控制能力差的员工，甚至在公开场合就当面顶撞领导。这都不是明智的做法，只会暴露出你的不成熟、不专业。其实无论有错没错，你都不要急于辩解。因为在批评的时候，很多领导本身也处于非理性状态。这时候，你所有的辩解，都意味着你不服，所有的言辞也会被视为反抗、推托，会招致领导更大的反感，不利于问题的解决。

倒不如像刚刚案例中徐冰所做的那样，直接绕到领导的情绪背后。等领导的情绪平静了，再来认真讨论和解决问题。

而以“毒”攻“毒”，把对抗升级，你会很容易败下阵来，至少

这么做对你一点好处也没有。

懂职场规则，不背后恶言伤人

当面跟领导对抗的下属是情绪把控不好，假以时日也许会修炼有成，但切忌背后恶言攻击。

有一种人，会带着情绪在背后恶意传播，甚至喋喋不休地抱怨。

俗话说：“不要往自己喝水的井里吐痰。”对于你所在的组织和带领你的领导，都不要去诽谤和伤害，因为轻视你所在的组织和你的领导，于事无补，反而会伤到自身。

学会说不

领导交代的这样或那样的事情，或许原本不是自己分内的事，很多员工会碍于面子硬着头皮接下来，最终累的还是自己，这种情况下也特别容易情绪化。

虽然你的不满是一点点累积起来的，但领导并不清楚啊。因此，在职场中恰当地表明自己的态度，对自己确实完成不了的任务勇于说“不”，有时候结果并没那么严重。反倒是默默忍耐到最后导致情绪爆发，才是不专业的表现。

每个人都有自己的喜怒哀乐，但在职场上，要就事论事，要学会不把私人情绪带到工作中，不带感情色彩处理工作上的冲突。这本身就是职业素养的一部分，毕竟你控制得了情绪，才能控制好你的工作，这才是进一步管理好领导的契机。

34

不要把拍马屁当作管理领导

关于管理领导的五个雷区，我们已经分析过糟糕的第一印象以及情绪化问题。有人会想，有种人特别爱奉承和恭维领导，简单讲就是拍马屁，每次听得笔者都尴尬，可是领导竟然喜欢这种人。如果我要管理领导，是不是也要学会拍马屁呢？

一想到“拍马屁”，大多数人会联想到“讨好”“投其所好”“巴结”“谄媚”这些贬义词。有些员工会认为，我才不要和那些人同流合污呢。踏踏实实做好事，领导自然看得见。甚至一看到领导就躲着走，免得被人误认为借机讨好领导。

这些人所说的“拍马屁”的人，是那种实际没有多少真才实学，但嘴巴天生能说会道的人，仗着巧舌如簧，往往在领导面前很“混”得开。

其实这两类人都比较极端。事实上，说和做都是必要的。

工作并不是一次性的任务，谁只会拍马屁不会干活，领导心里都有谱。组织目标的实现还是要靠脚踏实地，没有任何才干，光会吹牛的人自然走不了多远。

但只会干不会说的人，在职场上通常混得也不好。

这是什么原因呢？

首先，我们要搞清楚“拍马屁”的本质是什么。如果你仔细地观察周围的职场现象，你就会发现那些在职场上一帆风顺的人，那些有较好上下级关系的人，没有一个是“死板”的人，他们灵活多变，察言观色，说话办事让人感觉很舒服。之所以让人感觉舒服，就是因为这里面有“拍马屁”的因素。因此适当地拍马屁也是一种高情商的表现。

这样说并不是让你强迫自己去拍马屁，而是告诉你，你可以多听多观察，看看同事是怎样跟领导沟通的，用哪种方式和领导沟通更顺畅，学学他们的说话方式，学学他们的表达技巧。毕竟，如何跟领导相处，让领导注意到你，也是职场中的必修技巧。

人的性格天然有差异，有些人比较沉闷，言语不多；有些人话痨，不打断停不下来话。但在工作上，沟通表达其实是必修课程。学会正确地进行沟通，也是向上管理的一个环节。良好的沟通本身就是职场的“润滑剂”，在你和领导之间营造出一个更友好的界面。

会拍马屁的员工，他可能做事没你认真，业绩也没有你的高，但是他的基本能力已达到领导的要求。只有在这个前提下，领导才会给他机会。一旦低于这个要求，“拍马屁”并没什么作用。

但拍马屁并不是和领导处好关系的唯一方法。我们要认清“拍马屁”的本质，要带着向上管理的意识去“拍马屁”。学会管理领导的注意力，减少沟通阻力，为你的职业提供助力，这才是拍马屁的目的。

那么，我们到底怎样才能与领导沟通顺畅呢?

这里教给大家几个非常管用的方法。

简单讲就是沟通三部曲：深度倾听、有力提问、积极反馈。

第一，深度倾听

深度倾听是一种打开心扉的技术。如果我们能放下自己的想法和判断，一心一意地去体会领导，站在领导的立场上听到他语言背后的情绪、需求等，让领导感受到我们的理解、尊重和信任，你就成功了一半。

你可以通过具体的行为让领导感受到你在倾听他所说的话，比如点头、微笑、目光注视、肢体同步等等。

你也可以重复领导的话或者关键词，表明你对他思考的意义重大的事情非常关注。

你要通过体会和深度理解你所听到的内容，与领导产生共鸣。当领导表达含蓄或有言外之意时，当你不确定是否了解领导的意图时，这个工具尤为适用。

第二，有力提问

哈佛大学商学院的研究表明，多问问题非但不会让你显得很愚蠢，反而会让你显得很能干、很真诚。学会用正确的方式向领导提问，将为你的职场形象加分不少。这里为大家提供三个提问角度。

（1）转换角度来提问。比如，领导让你做一个“用户需求分析”，假如你不是很清楚，领导所指的“用户需求分析”和你理解的是否一致，可以换个角度来提问：“领导啊，您能不能给我讲一下我们做这个用户需求分析的目的是什么？以前有没有做过类似的工作呢？您有什么具体要求没有？”

这样比直接问“领导，什么是客户需求分析啊”效果要好得多。

（2）通过假设某些条件来提问。比如，你问领导：“假如我去谈这个合约，您觉得最好的结果是怎样的？最担心的状况又是怎样的？我好提前做个预案。”这种拐弯抹角的提问，很有可能在不经意间问出领导的一些真心话，对你了解领导的深层次意图有很大帮助。

要知道领导的需求一般不会直接说出来，关键是我们要从他的话里分析出他心中隐藏的渴望。

（3）用巧妙接话来提问。比如你希望知道一件产品如何定价，你问领导：“听说您总有办法搞定大客户，如果是您亲自去谈的话，您觉得我们给对方 50 元还是 80 元合适？”这样，领导会自然地接你的话，告诉你他实际希望的价格。

这里面的关键在于，说话时你先对领导以往的成绩表示赞赏，再通过提高结尾部分的声调，以疑问的语气把问题问出口。这样一来，领导很可能会接着你的话往下说。

这些小工具非常简单实用，不妨马上就来试试。

第三，积极反馈

所谓积极反馈，是指通过明确具体地指出领导的行为和结果，强化你对领导的赞同和认可，从而改善你和领导的关系。

赫伯特·凯莱赫（Herbert Kelleher）是美国西南航空公司的创始人，也是该公司第一任董事长，被评为全球最受尊敬的领导者。在他60岁生日那天，他翻开当地的报纸，看到了他的照片和来自16 000名员工的生日祝福。

各位设想一下，假如你是西南航空的董事长，在你60岁生日那天，收到了这样的祝福，你的内心会有什么样的感受呢？

祝福是这样写的：

“他能够记住每位员工的名字。在感恩节帮助搬运行李。能够给每个人一个亲吻，能够倾听。运营着世界上唯一盈利的大型航空公司。在节日晚会上唱歌。每年只唱一次。允许大家穿着短裤和休闲装上班。骑哈雷摩托上班。他不仅是老板，还是朋友。”

这些话几乎每一句都是对行为的描述，比如“他能够记住每位员工的名字”。对领导行为的描述，说明领导的一言一行都被员工看在眼里，说明员工是非常关注领导的。这样具体的反馈让领导也能非常清晰地知道，他的这些行为被员工所认可，被员工所重视。这就是教练式沟通所推崇的积极反馈。

领导和所有的职场人一样，需要工作并且要做出成绩。“身居高位”的他们，自然也需要有人能看见并肯定自己的工作成绩，这是每个人都会存在的固有需求。不经意间对领导工作业绩进行称赞也是一种积极反馈，是一种非常高明且有效的“拍马屁”的方式。

拍领导的“马屁”，从马斯洛的需求层次理论上来说，是满足了领导较高层次的被尊重的需求，这也是对领导实行向上管理的一个好工具。但一切的基础首先是建立在你的工作能力和业绩上。在你有一定能力和业绩的前提下，学会温和有力、舒服顺畅地和领导沟通，则是你职业发展的推进剂。

正如《罗辑思维》的主讲人罗振宇说过的一句话：“我做每份工作时，都在想着不仅仅是为了这个老板工作，还是为了提高自己的能力，为下一个老板工作。”我们也不妨用这一条来衡量自己的工作。你的工作态度和沟通能力的提升，不仅仅是为了讨好某个领导，更是训练自己做事、做人的能力。拥有这些能力，受益之处往往不限于工作。

工作上的沟通表达是必修课程，学会正确地沟通，是向上管理的一个重要环节。

沟通的三部曲分别是深度倾听、有力提问和积极反馈。

—— 35 ——

误把领导和你称兄道弟当成“关系铁”

先讲个职场故事。

周林是个很能干的员工，最近还成了公司的“销售状元”，深得领导的赏识。周林性格外向，和领导也很谈得来，私底下和领导走得比较近。领导也确实经常在工作中帮助周林，使得他的业绩提高很快。

有一次酒桌上，领导当着一个客户的面，说小周是他的好兄弟，有事儿找他找小周都一样。

后来，那个客户果真来找周林谈一个折扣价，说领导让他直接找小周走流程。

事实上，客户说的那个折扣已超过周林的权限，是领导级别的权限。

周林想，上次他找领导时，领导给他批过一个这样的折扣。现在客户又说领导已经知道这事儿了，让他帮忙走流程，于是就帮忙办了，然后打电话给领导说，客户的事帮领导办好了。

没想到领导竟然大怒，说谁给你这个权力的！

周林很委屈地说：“客户告诉我已经找过你了，并且你在客户面前讲过让他找我，所以我才帮他走了流程。”

领导劈头盖脸一顿骂：“在客户面前那些话，你怎么就分不出真假来？你知道你这个行为是什么吗？是越级！”

后来，尽管周林一再解释，领导表面上是缓和了，但从那以后，周林明显感觉到，他从领导的“心腹”位置逐渐被边缘化了。

周林总结教训时说，工作中，领导就是领导，和领导保持安全的工作距离，不但能让领导感觉到安全，更能保护自己的安全。

所谓向上管理，并非和领导距离越近越好。

因为一起工作而最后闹得夫妻分手、亲人反目、朋友分崩离析的结局，相信每个人都听到过类似的故事。

为什么会这样呢?

其实，社会领域和私人领域所运行的规则是不同的。

社会领域里使用的是权力规则，这和利益相关，目的是争夺谁说了算，最终的平衡一定是权力或利益的平衡，其中便包含着关系的界限。

因此，工作中适用的是“刺猬原则”。所谓刺猬原则，就是冬天刺猬们想靠在一起取暖，但靠近后因为忍受不了彼此身上的长刺，又不得不马上分开。可天气实在太冷了，它们再次尝试靠在一起取暖。然而，靠在一起时的刺痛使它们不得不再度分开。就这样反反复复地分了又聚，聚了又分，不断地在受冻与受刺之间挣扎。最后，刺猬们终于找到了一个适中的距离，既可以相互取暖，又不至于被彼此刺伤。

职场上的安全距离便是彼此合作顺畅又不会失去边界的关系距离。

因为工作上相互配合的目的是，在不破坏平衡的基础上达到组织的目标，所以，私人关系在组织中永远摆在第二位甚至更后面。

而私人领域里使用的是珍惜规则，珍惜彼此的情感关系，满足情感和关系的需求。在私人领域里，讲得更多的是人情，与权力规则完全不同。

假如，你在社会领域主要使用珍惜规则，或在私人领域过多使用权力规则，都会把我们的工作或生活变得一团糟。

在这里，我们要纠正一个误区，误把领导和你称兄道弟当成“关系铁”，以为和领导走得近就能显示个人能力，实际上不尽如此。

领导和你称兄道弟，可能还有一种情况，也值得特别注意。

我们再来看一个场景。

王磊刚到公司时领导很欣赏他，把他叫到办公室说：“我可是把你当自家兄弟看的，如果有人做了什么对公司不利的事，你尽管直接告诉我。”

王磊听了很开心，觉得领导很器重自己，掏心窝子的话也跟他说，不免有些得意。

这之后，王磊在人前总是不经意流露出领导和他关系不一般的态度。

直到有一天，领导很严肃地把他叫到办公室，质问王磊在一些场合讲的不合时宜的话时，他才知道，原来领导并不只对他一个人“称兄道弟”。

你要弄明白一个基本道理，不管你怎么看待领导，你们之间的基本关系依然是领导与被领导的关系。实现向上管理的目标，也必须遵守职场上的权力规则。

理解彼此关系的本质，更有益于你看待领导这个“资源”和“支持者”的角色以怎样的姿态呈现。

假如领导在酒桌上拍着你的肩膀和你称兄道弟，假如领导把你叫到办公室谈一些“秘密”，要知道这一切，都不可能违背职场的“权力原则”。

所以，本质上，我们首先要尊重规则，尊重领导的位置，尊重上下级关系。

注意，这里说的是尊重位置和关系，而不是具体某个人。因为或许你并不欣赏你的领导，但尊重这个位置是我们能“向上管理”的真正含义。因为“位置”赋予了某个人资源，“位置”确定着彼此的关系。

总结一下：

（1）和领导保持安全的工作距离，不但能让领导感觉到安全，更能保护自己的安全。

（2）社会领域里使用的是权力规则，和利益相关，目的是争夺谁说了算，最终的平衡是权力或利益的平衡。

（3）私人领域里使用的是珍惜规则，珍惜彼此的情感关系，满足情感和关系的需求。

（4）理解彼此的关系本质，更有益于你看待领导这个“资源”和“支持者”的角色。

（5）尊重位置和关系，不是指具体某个人，或许你并不欣赏领导的某些方面，但是你一定要尊重这个位置本身代表的权力和资源。

—36—

遇到背后讨论领导时，要不要跟风议论

职场中一个更为常见的尴尬，就是遇到背后议论领导长短是非时，你该怎么做。

我们先来看一个职场故事。

陈浩奉命接待一位外地来的老客户。这位客户和陈浩所在的公司是长期的合作关系，所以对他们公司比陈浩还要了解。

正巧说到陈浩的领导，客户就开玩笑说，你的领导对待下属很苛刻，之前和我联系的几个人都陆续走了，这次希望你能做久一点啊。

说着，他还提到领导的几个坏习惯。陈浩一下子有了共鸣，不知不觉打开了话匣子，一股脑儿地向客户讲了领导的许多缺点，诸如爱发脾气，爱听奉承话，对下属不够体谅，等等。说完后，他感觉自己昨天被领导狠批了一顿的失落感一下子消失了，心情舒畅了许多。但随即他也清醒过来，生怕自己的这番话对生意或自己造成什么不利影响。

果然他担心的事发生了，本来说要下订单的客户后来托辞改期了。领导非常奇怪，从侧面打听出，原来陈浩那天无意中的一句话提到了领导在忙的另一个项目，竟然是这位客户的公司正在开展的项目。因此，客户想，既然存在竞争关系，那么就不继续合作了。

这个结果是陈浩始料不及的。他本以为是喝酒时随便聊聊天，没想到说者无心，听者有意。随之而来的是，他的工作也就此结束了。

这个案例里，陈浩犯了两个大忌：第一，向第三方透露公司信息；第二，向客户透露领导个人隐私。无论是故意还是无意，客户可以说的话，不代表我们也可以说。

因为这是立场问题，员工出去代表的是公司，并非个人。哪怕个人交情再好，也不能逾越“身份”的限制。虽说领导的缺点可能是事实，但这和“生意”本身没有关系。

这也就是我们通常所说的，要分清自家人和外人的区别。领导者是你所在单位形象的代表，你同样也是。你如果和外单位的人谈话时，背后议论领导，就会同时给你所在的单位、你的领导和你自己抹黑。对外，维护公司利益和领导形象，你自己也是受益人。

不主动在外人面前议论领导的是非，这容易做到，但要换成自己公司的同事呢？

我们往往有这样的经历，尤其茶余饭后，周围有同事讨论领导时，如果你不参与其中，别人会认为你是不是得了领导什么好处。不与他们一起论长短，就跟领导一样遭人嫉恨，所以有的人会不自觉地加入同事们的议论，以此稳定与同事间的关系，换取同事们的信任。

问题就来了，当同事们在背后讨论领导时，你是跟风呢，还是选择承受因不参与而显得不合群的后果呢？

如果你选择加入，那么要考虑到这样做的后果和影响。

首先，看看对领导的影响。

领导的地位是明显的，领导的优越感和危机感也显然高于普通员工。领导的胸怀通常会比较宽广，但同时领导比普通员工更关注自己的形象和影响力。若很多下属背后议论领导，领导一旦知道，很可能增强对别人的防范意识，至少会把精力花在这些与工作无关的事情上，这样工作就会受到影响。

其次，这样做对团队有什么影响呢？

领导是一个企业的创建者或者扶持者，无论是最高领导还是部门领导，都是他所在团队中的灵魂人物和核心力量。如果下属背后议论领导成风，人心必然涣散。

时间久了，无中生有的负面议论就会成为领导和下属沟通与合作的障碍，同时也会成为下属“军心不稳”的源头。这样一来，小到一个部门，大到一个企业，整体的工作状态和业务水平就会受到影响，甚至能导致企业失去人心，走向倒闭。

最后，看看这对个人有什么影响。

领导的任何决策都可能关系到企业的命运和员工的未来，当然也包括你的未来。如果你背后议论的话被领导知道，很可能卷入一场职场风波。况且，同事之间也存在着微妙的竞争关系。一旦随口说的话被有心者利用，便很难解释清楚了。这是你来工作的初衷和目的吗？

有一个真实的数据是，任何领导都会有员工对他不满，这是百分之百的事，不用怀疑。因为各自角度、立场、利益不同，注定任何决定都会有受益者，也会有损失者。因此，对领导不满的情况是必然会发生的。此外，加班加点、误会误解，职场中的大多数人都可能遇到，所以背后发牢骚、议论领导不是的更是大有人在。

这么说，首先要清楚的一点就是，没有百分之百完美的领导，就像自己也不完美一样，这是普遍事实和真理。其次，领导由于职务之高、权势之大，自然也使其成为众人关注的焦点。因此，领导升迁啦，领导犯错误啦，领导买新房新车啦，诸如此类，都成为某些普通员工背后议论的话题。

基于这些方面的理解，再来看，当同事们议论领导时，你该怎么做。

远离那些喜欢议论别人的同事是必要的。对于背后议论领导的话题，不询问，不参与，不评判。要坚定自己的立场，不要畏惧因此被同事孤立。要知道，靠跟人说领导坏话来换取立场一致的行为，是最愚蠢的行为。

另外需要提醒大家，我们不论人长短、不伤人、不害人，但也要知道防人之心不可无。有的人本是领导面前的大红人，故意掺和进讨论领导是非，目的就是打听小道消息，传进领导耳朵里，以此得到领导的赏识。我们没能力看透这些人没关系，只要做好自己，保持本真，不乱说话，用心、用眼、用实力，才是职场的生存法则。

避免使你背后议论领导的重要方法，就是及时消除你对领导的消极看法。越是大规模的企业，领导对你直接的、经常的询问和关照越少。如果领导错怪了你或严厉批评了你或莫名其妙地冷落、疏远了你，如果你看不惯领导的某些做法，如果你觉得心里委屈或疑惑，千万不要沉默。你要选择积极的方式去化解不愉快，比如向亲朋好友诉说。更直接有效的方式就是找领导沟通，委婉地向领导征询意见或提出建议。

而对于领导的某些言行，如果不关乎企业利益和工作、交往上的利害关系，还是不发表意见比较好。在背后恶意传播甚至喋喋不休抱怨，那真的太愚蠢了。

对于你所在的组织和带领你的领导，你都不要去诽谤和伤害，因为轻视你所在的组织和你的领导就等于在轻视你自己。

Conclusion | 结语

管理领导的核心是建立信任和工作默契，相互成就

重新思考一个重要问题：工作本身对你意味着什么？

不知道你有没有听过这个关于苹果树的寓言故事。

一棵苹果树终于结果了。第一年它结了10个苹果，9个被拿走，自己得到1个。对此苹果树愤愤不平，于是自断经脉，拒绝成长。第二年，它结了5个苹果，4个被拿走，自己得到1个。“哈哈，去年我得到10%，今年得到20%！翻了一番。”这棵苹果树心理平衡了。但是，它本可以选择继续成长。譬如，第二年，它结了100个果子，被拿走90个，自己得到10个。就算它被拿走99个，自己得到1个，也没关系，它还可以继续成长。得到多少果子不是最重要的，最重要的是苹果树在成长。

进入职场的你，也许为公司做了很多贡献却没得到领导重视，也

许只得到口头重视却得不到实惠，总之，你觉得自己就像那棵苹果树，结出的果子自己只享受了很小一部分，与你的期望值相去甚远。但你要始终记得，最重要的是成为一棵永远成长的苹果树，等苹果树长成参天大树时，那些曾经阻碍你成长的力量都会微弱到可以忽略；那些曾经让你费尽心思的过程，无意中成了你生长的营养。

职场上摸爬滚打的你终究会发现：或许你一开始是为了获得领导信任，让领导满意，但最终你会发现，你认真负责的态度，会令你成长为自己满意的样子。